Stacy Eldredge

Du bist von Gott geliebt

Über die Autorin

Stacy Eldredge leitet die Frauenarbeit von „Ransomed Heart“ Ministries. Mit ihrem Mann John hat sie den sehr erfolgreichen Titel „Das wilde Herz der Ehe“ veröffentlicht. Über drei Millionen Exemplare ihrer Bücher wurden bislang verkauft. Sie lebt mit ihrer Familie in Colorado Springs.

stacey eldredge

Du bist von Gott *geliebt*

90 Andachten, die deiner Seele guttun

Aus dem Englischen von Elke Wiemer

Weihnachten 2022 (Tridi)

GerthMedien

Für Susie, Em und Olivia:
Ihr seid wunderbare Geschenke für mein Herz
und mein Leben.

Vorwort

Wussten Sie, dass Sie wunderschön sind? Jetzt, in diesem Augenblick? Ganz gleich, was für eine Figur Sie haben, wie weiß Ihre Zähne sind, wie rein Ihre Haut ist oder was Sie schon alles falsch gemacht haben im Leben – vielleicht sogar heute Morgen.

Wenn Gott Sie anschaut, sieht er Sie nicht durch den Schleier Ihrer Sünde, eingehüllt in Ihr Versagen oder bedeckt mit Ihrer Vergangenheit. Wenn Gott Sie anschaut, sieht er Sie durch Jesu Blut. Wenn Gott Sie anschaut, sieht er Jesu Gerechtigkeit. Sie sind eine makellose, reine, umwerfende Braut und wir brauchen Gottes Sicht von uns so dringend.

Wir erkennen unsere eigene Schönheit nicht immer und träumen oft davon, schön zu werden, aber bei Gott sind wir *jetzt schön*. Für ihn ist das nichts, was „irgendwann einmal" passieren wird. Für ihn sind *Sie* schön – heute und jeden Tag – und er will, dass Sie sehen, was er sieht.

Wenn Sie mein Buch „Werden, wie du mich siehst" gelesen haben, haben Sie hoffentlich angefangen, Gottes Traum *von Ihnen* anzunehmen. Erleben Sie in diesem Buch mit mir zusammen Gottes Traum *für Sie* – einen Traum, in dem Sie und Ihr Leben schon jetzt wunderbar sind. Jede dieser 90 Andachten enthält einen Vers oder einen Abschnitt aus der Bibel, ein Wort der Ermutigung von mir und am Ende finden Sie ein Gebet, eine Frage an Sie oder eine Aussage, mit der Sie Ihre persönliche Zeit mit Gott gestalten können.

Lassen Sie uns nach dem Ziel streben, das vor uns liegt, nämlich ganz verwandelt zu werden, ganz lebendig zu sein, ganz wir selbst zu sein, ganz Jesus zu gehören. Sie sind in seiner Hand, und nichts kann Sie ihm entreißen. Verlassen Sie sich immer mehr auf ihn und bitten Sie ihn, durch Sie zu leben, dann werden Sie in das Ebenbild Gottes verwandelt. Sie werden die wunderbare Wahrheit entdecken, dass Sie immer mehr Sie selbst werden, je mehr Sie sein Eigentum werden.

In Gottes Augen der Liebe gibt es keine Bedingungen. Er schaut Sie nicht an und sagt: „Du bist wunderschön, wenn …, falls …, aber …“ Er sieht Sie an und sagt: „Du bist wunderschön. Jetzt und hier.“

Tag 1

Die Enthüllung

Wir alle aber stehen mit unverhülltem Gesicht vor Gott und spiegeln seine Herrlichkeit wider. Der Herr verändert uns durch seinen Geist, damit wir ihm immer ähnlicher werden und immer mehr Anteil an seiner Herrlichkeit bekommen.

2. Korinther 3,18

Gott ist dabei, uns zu befreien und uns zu den Frauen zu machen, die er schon immer haben wollte – zu den Frauen, die wir schon immer sein wollten. Manchmal geschieht diese Veränderung im Handumdrehen. Aber meistens ist das eher nicht so – wie Sie wahrscheinlich wissen. Meistens fordert Gott uns zu einem *Prozess* heraus, mithilfe dessen wir durch seine Gnade unserem Leben gewachsen sind.

Es ist paradox und wunderbar, dass wir immer mehr *wir selbst* werden, je ähnlicher wir *Gott* werden. Es ist das Selbst, das er sich vorgestellt hatte, als er Sie vor der Erschaffung der Welt erdacht hat. Dieses Ich steckt in Ihnen. Vielleicht ist es verletzt und voller Schmutz, aber es ist da. Und Jesus ist gekommen, um es herauszurufen.

Gott *enthüllt*, wer wir wirklich sind. All diese Schleier der Scham und Sünde und des falschen Ichs, all diese Schleier, die andere über uns gelegt haben, weil sie zu wissen glaubten, wer wir sein sollen, nimmt Gott weg, damit wir mit unverhülltem Gesicht seine Herrlichkeit widerspiegeln.

Dieser Prozess scheint oft sehr langsam, ja sogar endlos zu sein, aber nachhaltige Veränderung braucht Zeit. Jeder kann sich durch einen Tag kämpfen, und die Neujahrsvorsätze halten vielleicht sogar ein paar Monate. Aber Gott ist ein Gott, der an uns arbeiten will, und sein Blick ist auf die Ewigkeit gerichtet. Bei seinen Plänen für uns geht es nicht um schnelle Lösungen, sondern um Veränderung für die Ewigkeit. Langsam. Vorsichtig. Zielbewusst. Die Enthüllung fängt an.

Jesus, lass mich heute ein wenig von dem erkennen, wozu du mich berufen hast. Lass mich schon jetzt erkennen, wo du mein wahres Ich enthüllst. Ich will mich so sehen, wie du mich siehst.

Tag 2

Was Gott verspricht

Wen Gott nämlich auserwählt hat, der ist nach seinem Willen auch dazu bestimmt, seinem Sohn ähnlich zu werden, damit dieser der Erste ist unter vielen Brüdern und Schwestern.

Römer 8,29

Kann man sich wirklich verändern? Ich glaube schon. Ich habe es schon erlebt. Die Bibel verspricht uns, dass es möglich ist. Es passiert in mir. Gott ist einmal zu mir gekommen und er kommt auch immer wieder zu mir. Er hat mich geheilt und heilt mich immer wieder. Er hat mich gerettet und rettet mich immer wieder, indem er seine Schönheit und Gegenwart tiefer und tiefer in meine Seele pflanzt. Der „ich bin" wohnt in mir und seine bloße Gegenwart verändert mich. Der, der ganz und gar er selbst ist, macht es möglich, dass ich ich selbst werde, jenes Ich, das er sich vorgestellt hat, als er mich erschaffen hat.

Natürlich neige ich immer noch dazu, Gespräche mit anderen in Gedanken ständig zu wiederholen, auf der Suche nach meinen Fehlern, aber ich bleibe weniger oft in der Selbstverachtung stecken. Ja, ich greife immer noch nach Kohlenhydraten, wenn in Wahrheit nur meine Seele hungrig ist – aber nicht mehr so oft. Ich lerne immer mehr, dass ich in diesem Augenblick völlig geliebt bin, und dass Gott nicht darauf wartet, bis ich mein Leben in den Griff bekomme, damit ich seiner Liebe würdig bin. Für Gott bin ich schon immer liebenswert gewesen und Sie auch. Im Angesicht seiner beständigen Liebe verändere ich mich. Ich werde ich selbst.

Ich weiß, dass Sie versucht haben, sich zu ändern, und auch früher schon gehofft haben, sich zu ändern. Heute lädt Gott Sie ein, es wieder zu hoffen – im *Glauben*. Wir können uns nicht selbst heilen, befreien oder retten. Wir können nicht aus uns selbst heraus wir selbst werden. Aber wir sind nicht alleine. Der

König der Liebe sieht uns, kennt uns, stärkt uns und drängt uns zu dem Leben, zu dem er uns erschaffen hat. Er will uns helfen, wir selbst zu werden. Er will uns helfen, uns zu verändern und zu wachsen. Wir können das nicht machen, aber *er kann es*. Er kann das sogar sehr gut. Es ist das, was er uns versprochen hat.

Heute entscheide ich mich dafür zu glauben, dass Gottes Gegenwart in mir mich verändert! Ich kann mich nicht selbst verändern, aber er kann es, und er wird mir helfen, mich zu verändern und zu wachsen.

Tag 3

Das Geheimnis

Dabei geht es um ein unbegreifliches Wunder, das Gott für alle Menschen auf dieser Erde bereithält. Ihr, die ihr zu Gott gehört, dürft dieses Geheimnis verstehen. Es lautet: Christus lebt in euch! Und damit habt ihr die feste Hoffnung, dass Gott euch Anteil an seiner Herrlichkeit gibt.

Kolosser 1,27

Das Paradoxe an unserer Veränderung ist, dass sie voraussetzt, dass wir uns Gott ganz hingeben und alles ihm überlassen – auch unsere Bemühungen, uns zu verändern, und all unsere Resignation, weil wir uns nicht verändert haben.

Dann macht Gott uns neu – er schafft das wahre Ich in uns. Wenn wir uns ihm hingeben, gibt er uns unser wahres Ich zurück. Sie selbst zu werden durch die Liebe Gottes, ist die wichtigste Entwicklung, die eine Frau durchlaufen kann. Auf diesem Weg braucht man Mut, Glauben und vor allem die Bereitschaft zu wachsen und loszulassen. Der Weg zu uns selbst ist ein Weg, auf dem wir unserer selbst immer bewusster werden und gleichzeitig unser Ich loslassen. Es ist die Balance zwischen Annehmen und Abgeben, zwischen Begehren und Verzichten, zwischen Versuchen und Aufgeben.

Gibt es eine Möglichkeit, die Veränderung, nach der wir uns sehnen, zu beschleunigen? Ja. Um zu uns selbst zu finden, müssen wir immer und immer wieder zu Gott Ja sagen. Hier geht es nicht darum, sich abzumühen, sondern loszulassen. Es ist eher ein Nachgeben als ein Streben nach dem nächsten Ziel. „Christus in mir, hilf mir" wird zu unserem Gebet. Deshalb bringt er uns auch oft ans Ende unserer Fahnenstange, ans Ende unserer selbst. Denn erst dort hören wir auf, uns zu bemühen, geben auf und heben nur noch hilflos unsere Hände zu Gott, damit er uns *ein weiteres Mal* rettet.

Im Glauben kehren wir zu ihm um. Wir glauben, dass er unser Gebet hört. Wir glauben, dass er gut ist und für uns ist. Im Glauben vertrauen wir darauf, dass Gott in uns und für uns wirkt, auch wenn wir es vielleicht nicht sehen oder fühlen. Aber er hat gesagt, dass er es tut.

Jesus, ich sage Ja zu dir. Ich sage Ja zu der Person, die du in mir siehst. Ich sage Ja zu der Schönheit, die du in mir siehst. Ich sage Ja zu deiner verändernden Kraft. Ich sage Ja zu dir in mir und dazu, dass du in mir und für mich wirkst.

Tag 4

Hoffnung ist da

Die Güte des Herrn hat kein Ende, sein
Erbarmen hört niemals auf, es ist jeden
Morgen neu! Groß ist deine Treue, o Herr!
Klagelieder 3,22-23

Manchmal geben wir die Hoffnung auf, uns je zu verändern, weil unser Leben voll ist von unseren missglückten Versuchen, uns zu ändern. Wo blieb der Engel, der unsere Zunge bewachen und verhindern sollte, dass wir unseren Kindern so harte Worte an den Kopf werfen? Was ist aus der Frucht des Geistes geworden, die uns die Kraft zur Selbstbeherrschung geben sollte, damit wir am Süßigkeitenregal vorbeigehen können? Gott hat mir nicht den Geist der Furcht gegeben. Aber warum mache ich mir dann dauernd solche Sorgen um meine Kinder, meine Finanzen, meine Zukunft? Wenn Menschenfurcht eine Falle ist, warum habe ich dann immer noch so schreckliche Angst davor, anderen mein wahres Ich zu zeigen aus Angst, abgelehnt zu werden? Mein Hang zum Essen wurde als Lügner und Dieb enttarnt, aber trotzdem wende ich mich ihm in schmerzvollen Momenten viel zu oft zu.

Gott weiß das. Er hat sich nicht abgewendet. Die bloße Tatsache, dass wir uns nach Veränderung sehnen, zeigt, dass *wir dafür bestimmt sind.* Schon unsere Unzufriedenheit hinsichtlich unserer Schwächen und Kämpfe weist darauf hin, dass es nicht unsere Bestimmung ist, weiter mit ihnen zu leben.

Warum kämpfen Sie mit manchen Dingen? Es gibt einen Grund dafür. Es hängt mit dem Leben zusammen, das Sie geführt haben, mit den Wunden, die man Ihnen zugefügt hat, und mit dem, was Sie deshalb über sich selbst glauben. Es liegt daran, dass Sie keine Ahnung haben, wie Sie die Sorgen ertragen sollen und dass Sie für etwas anderes bestimmt sind.

Es ist noch nicht zu spät. Es ist nicht zu schwer. Sie sind Gott nicht zu viel. Gottes Erbarmen ist jeden Morgen neu. Selbst in diesem Augenblick liegt Gnade in seinem Blick.

Nach welchen Veränderungen sehnen Sie sich im Moment? Was verraten Ihnen Ihre Wünsche über die Frau, als die Gott Sie geschaffen hat?

Tag 5

Von innen heraus

Ohne mich könnt ihr nichts ausrichten.

Johannes 15,5

Während wir daran arbeiten, zu der Person zu werden, die Gott erschaffen hat, dürfen wir nicht vergessen, dass Scham und Disziplin keine Mittel für dauerhafte Veränderung sind.

Selbstverachtung kann uns vielleicht auf den Weg der Veränderung treiben, so wie eine Dosis Koffein uns morgens in die Gänge bringt. Aber wir werden merken, dass Selbsthass uns nur in einen endlosen Teufelskreis bringt.

Auch Selbstdisziplin ist keine wirkliche Hilfe. Disziplin, vor allem geistliche Disziplin, ist heilig und gut und wird durch lebenslange Übung immer mehr. Aber wenn wir uns ausschließlich auf sie verlassen, um die von uns ersehnte Veränderung zu bewirken, werden wir merken, dass wir letztlich nicht zu der von uns gewünschten von Gnade erfüllten Frau werden. Stattdessen werden wir wütend und entmutigt. Und wenn wir noch mehr versuchen, diese Verwandlung durch Disziplin zu erreichen, uns noch mehr anstrengen und noch härter arbeiten, kommen wir damit vielleicht durch die Woche, aber nicht durch die Jahrzehnte.

Echte Veränderung kann nicht von außen erzwungen werden. Sie kommt von innen. Ihnen sind sicher diese Listen bekannt, auf denen aufgezählt wird, wie man richtig leben, essen, Sport treiben, reagieren, Gott suchen, wachsen und sich verändern kann, oder? Und wie lange hat es funktioniert, nach ihnen zu leben? Diese Listen funktionieren bei *niemandem* lange und schließlich verfallen wir wieder in unsere uns allzu gut bekannte Selbstverachtung. Das liegt nicht an unserer mangelnden Selbstdisziplin, sondern am Ansatz.

Nur wenn sich unser Herz verändert, zeigt sich das nach außen, und nicht andersherum. Gott lädt uns ein, uns mit ihm auf diesen Weg zu machen, auf dem er unser Inneres heilt, damit er uns letztlich auch nach außen hin verändern kann.

Die Stimme der Scham sagt: „Ich hasse mich. Ich muss mich loswerden."

Die Stimme der Disziplin sagt: „Ich muss mich in Ordnung bringen, weil ich so nicht gut genug bin."

Gott sagt: „Ich liebe dich. Ich will dich neu machen."

Das gefällt mir am besten.

Wo greifen Sie auf Selbstdisziplin zurück, um sich selbst zu verändern, statt sich auf Gottes Werk in Ihnen zu verlassen?

Tag 6

Herrliches Chaos

Das Wort wurde Mensch und es wohnte
mitten unter uns.
Johannes 1,14 (WD)

Unsere Veränderung fängt an, wenn wir wirklich glauben, dass wir geliebt sind. Wir wurden aus Liebe und in die Liebe hineingeboren, um die Liebe zu kennen und geliebt zu werden. Ja, wir wurden in eine gefallene, erbärmliche Welt hineingeboren, die gleichzeitig aber auch wunderbarer ist als jedes Märchen es beschreiben könnte. Und in dieser wunderschönen, herzzerreißenden Welt liebt Gott – der ewige, allwissende, unglaubliche Gott – die Menschen. Sie inbegriffen. Ganz besonders Sie.

Sie wurden in ein herrliches Chaos hineingeboren und aus uns allen ist ein herrlich chaotischer Mensch geworden. Und selbst noch mitten in unserem Chaos sind wir Gott immer noch unheimlich wichtig. Er verachtet unser Menschsein und unsere Verzweiflung angesichts unseres Zustandes nicht, das machen wir schon oft genug selbst. Er wendet sich nicht von uns ab, wenn wir versagen oder uns um uns selbst drehen – wären wir an seiner Stelle, würden wir das womöglich machen. Er ist nicht *überrascht*. Er weiß, dass wir nur Staub sind, und er hat es so eingerichtet, dass das nicht so bleiben muss.

Lassen Sie mich diese Wahrheit noch einmal wiederholen: Sie sind geliebt. Von ganzem Herzen geliebt. Zutiefst geliebt. Unvorstellbar geliebt. Und Sie sind ein erstaunliches Geschöpf, ganz gleich, ob Sie in jedem Lebensbereich siegreich sind oder nicht. Egal, ob Sie gerade mal (wieder) die Nerven verloren haben oder sich der Riesenpackung Kekse oder selbst verachtenden Gedanken hingegeben haben. Sie sind geliebt. Jetzt, in diesem Augenblick, werden Sie von dem Einen geliebt und gesehen, der alles sieht, und er lässt Sie nicht allein. Er kennt Sie besser als Sie sich selbst, und Sie waren noch nie eine Enttäuschung für ihn.

Jesus, ich spüre es zwar oftmals nicht, aber ich entscheide mich bewusst dafür, die wunderbare Wahrheit zu glauben, dass du mich liebst, egal was ist. Ich gebe mich dir jetzt ganz neu hin. Ich gehöre dir! Im Namen Jesu Christi. Amen.

Tag 7

Gott weiß

Der Menschensohn ist gekommen,
Verlorene zu suchen und zu retten.
Lukas 19,10

Ich habe schon immer mit Esssucht gekämpft, aber Gott wird mich nicht mehr oder anders lieben, wenn ich endlich einmal abnehme und von dieser Macht des Essens frei werde. Jesu Liebe zu mir und die Liebe meines himmlischen Vaters zu mir werden sich nie ändern. Meine Gemeinschaft mit Gott ist vielleicht manchmal etwas angespannt, aber seine Herzenshaltung mir gegenüber ändert sich nicht. Er liebt mich leidenschaftlich. Und noch besser: Ich glaube, er mag mich.

Übrigens hat er auch für Sie ziemlich viel übrig. Ja, für Sie. Es ändert an Gottes Liebe zu Ihnen gar nichts, wenn Sie zu der Person werden, als die Gott Sie erschaffen hat. In Wahrheit kann er Sie gar nicht mehr lieben, als er es jetzt gerade tut. Sie enttäuschen Ihn nicht. Vielleicht sind Sie enttäuscht, aber er ist es nicht. Jesus wusste, worauf er sich einließ, als er kam, um „Verlorene zu suchen und zu retten". Er kam, um *alles* zu suchen und zu retten, was von unserer Liebe, unserem Leben, unseren Träumen und unseren Sehnsüchten verloren war. Er hat uns gerettet und rettet uns immer noch. Wir werden in das Ebenbild Christi verwandelt, ganz gleich, ob wir uns danach fühlen oder nicht.

Ich weiß, dass wir uns meistens nicht so fühlen, als würden wir in das Ebenbild Gottes verwandelt, „von Herrlichkeit zu Herrlichkeit" (2. Korinther 3,18). Das liegt an unserem Chaos. Aber Gott ist mitten in diesem Chaos. Er ist dabei, das Chaos in uns zu verändern, damit er auch das äußere Chaos beseitigen kann. Jesus versteht unsere Kämpfe und Sorgen.

Er weiß, dass unsere Herzen zerbrochen sind, und er ist

gekommen, um sie zu heilen. Er weiß, dass wir uns nach Veränderung sehnen. Er weiß, was passieren muss und wo es passieren muss, und ihm sind die Hindernisse bewusst. Denn auch wenn wir mit uns selbst nicht klarkommen, so gilt das nicht für ihn. Er gibt nicht auf.

Ich entscheide mich heute zu glauben, dass ich geliebt, gewollt, wertgeschätzt, erwählt und erschaffen bin, dass ich gesehen werde, sich jemand über mich freut, für mich sorgt und mich kennt. Jemand glaubt an mich, ich bin erwählt, eingeladen, wertvoll und gesegnet!

Tag 8

Gott hat große Träume

Denn wie der Himmel die Erde überragt, so sind auch meine Wege viel höher als eure Wege und meine Gedanken als eure Gedanken.

Jesaja 55,9

Wer sind Sie? Um eine Antwort auf diese Frage zu finden, kann man sich zum Beispiel fragen, was man mag. Was würden Sie mit Ihrem Leben anfangen, wenn Sie alles tun könnten, was Sie möchten?

Vor einigen Jahren hat mein Mann, John, in einer Kleingruppe einmal über unsere Sehnsüchte gesprochen, jenen Mittelpunkt in unserem Herzen, in dem Gott zu uns spricht. Dann forderte er uns alle auf aufzuschreiben, wonach wir uns sehnten. Wir sollten eine lange Liste aufschreiben und im Nachhinein nichts davon streichen. Nichts war zu klein oder zu groß, um es aufzuschreiben. Meine Liste war am Ende zwei Seiten lang, und sie reichte vom Garten, den ich anlegen wollte, über Ausritte mit meinem Mann, die Heilung einiger mir nahestehender Menschen bis zum Tanz auf der Hochzeit einer noch ledigen Freundin.

Vor ein paar Jahren fand ich diese Liste wieder, und zu meiner Überraschung war alles darauf in Erfüllung gegangen. Es war tatsächlich passiert.

Gott hat große Träume. Und er fordert uns auf, mit ihm zu träumen. Er hat jedem von uns ganz einzigartige Wünsche und Träume ins Herz gegeben. Wenn wir unseren Geist, unseren Verstand, unser Herz, unsere Fantasie für das öffnen, was wir uns wirklich wünschen, dann kann der Heilige Geist Bereiche in uns wecken, die in einem so tiefen Schlaf liegen, dass sie nicht einmal mehr von ihnen träumen.

Gott ist ein Träumer. Er träumt von Ihnen und für Sie. Welche Träume hat er wohl heute für Sie?

Wenn Sie unbegrenzte Möglichkeiten hätten, was würden Sie dann im nächsten Jahr mit Ihrer Zeit und Ihrem Geld machen?

Tag 9

Was ist für Gott unmöglich?

Denn ich allein weiß, was ich mit euch vorhabe: Ich, der Herr, habe Frieden für euch im Sinn und will euch aus dem Leid befreien. Ich gebe euch wieder Zukunft und Hoffnung.

Jeremia 29,11

20.04.23

Wenn wir mit Gott träumen, sollten wir nicht sofort denken: „Wie kann ich das verwirklichen?" Beim Träumen mit Gott geht es nicht um das *Wie*, sondern um das *Was*. Wenn alles möglich wäre, was soll dann in meinem Leben passieren? Was soll im Leben der Menschen passieren, die mir nahestehen?

Es ist viel leichter, für andere Menschen – unsere Kinder und unsere Freunde – Träume und Wünsche zu haben. Es fällt uns recht leicht zu sagen, wie wir uns ihr Leben vorstellen, die Heilung und Freiheit zu beschreiben, die wir ihnen wünschen. Aber für unser eigenes Leben zu träumen, ist ein kleines bisschen schwieriger.

Doch in diesem Buch geht es um *Ihr* Herz. Jetzt geht es um Ihre Träume und Wünsche, die dazu beitragen, Sie zu der einzigartigen, wunderbaren Frau zu machen, die Sie sind. Es geht nicht so sehr darum, unsere Wünsche zu benennen, als vielmehr darum, Gott an die Stelle in unserem Herzen zu lassen, an der unsere Träume und Wünsche geboren werden. Dort spricht Gott zu uns – über sich und über uns.

Es ist in Ordnung, etwas zu wollen, und es ist in Ordnung, *mehr* zu wollen. Mehr zu wollen, hat nichts damit zu tun, dass wir unzufrieden sind oder uns etwas fehlt. Es bedeutet, dass Sie offen sind für das Mehr, das Gott in Ihr Leben bringen möchte. Ihre Möglichkeiten sind unbegrenzt! Sie werden vielleicht nicht gleich morgen umgesetzt, aber im Laufe Ihres *Lebens*.

Was ist für Gott unmöglich? Was könnte er hinsichtlich Ihrer Beziehungen, Ihres Erfolgs, Ihrer Kreativität und Ihrer

Persönlichkeit nicht erreichen? Wir wollen Frauen sein, die ihr ganzes Leben lang weiterwachsen. Wir wollen damit niemals aufhören. Natürlich ruhen wir uns auch hin und wieder aus, aber ein lebendiges Herz ist ein waches, neugieriges Herz, das nach mehr strebt.

Herr, hilf mir, die Träume zu träumen, die du für mich hast. Ich will meine Gedanken über das Wie loslassen und mein Herz und meinen Verstand für deine Möglichkeiten öffnen. In Jesu Namen. Amen.

Tag 10

Komm und trink

Wer Durst hat, der soll zu mir kommen und trinken!

Johannes 7,37

Wir sind geistlich durstige Frauen, und das ist sehr gut. Es ist vielleicht nicht *angenehm*, aber es ist gut. Wenn Ihnen nicht bewusst ist, dass Sie Hunger haben, dann macht es Ihnen auch keine Freude, auf ein Festbankett zu gehen. Wenn Ihnen nicht bewusst ist, dass Sie Durst haben, suchen Sie auch nichts zu trinken. Studien haben ergeben, dass Menschen schon dehydriert sein können, bis sie endlich merken, dass sie Durst haben. Wir sind alle durstiger, als uns bewusst ist.

In dieser Welt werden wir mit Angeboten überschüttet, um unseren Durst zu stillen. Wir werden mit Werbung und Informationen und Vorschlägen und Ideen und Produkten und Programmen überschüttet. Und das Schlimme dabei ist, dass für all die Kataloge und Werbeblätter, die uns die Lösung all unserer Probleme bringen und unseren Durst stillen sollen, ganze Wälder gefällt werden.

Ich habe vieles von den mir angebotenen Wundermitteln ausprobiert. Ich habe diese Schuhe gekauft, jenes Buch gelesen, dies studiert und an jenem Programm teilgenommen, doch ich habe immer noch Durst. Wissenschaftler warnen davor, dass die Fähigkeit, Durst zu empfinden und darauf zu reagieren, im Alter abnimmt. In einer Welt, die sich oft staubtrocken anfühlt, spüren wir allmählich unseren eigenen Durst nicht mehr.

Als Frauen, die in das Ebenbild Christi verwandelt werden möchten, wollen wir nicht abstumpfen. Stattdessen wollen wir immer durstiger werden. Ich habe versucht, den Durst meines Herzens mit meinem Aussehen zu stillen, mit Leistung oder mit Beziehungen und trotzdem brauche ich immer noch etwas zu trinken. Ich brauche das lebendige Wasser. Und Sie auch. Das ist unser kostbarstes und grundlegendstes Bedürfnis, und wie gut ist es, dass wir den verlockenden Klang des fließenden, Leben spendenden Wassers gehört haben und zum Fluss gekommen sind.

Jesus, ich habe heute Durst nach dir. Ich weiß, dass nichts anderes meinen Durst stillen kann. Hilf mir zu erkennen, wo ich versuche, meinen Durst auf andere Art zu stillen, damit ich mich wieder dir zuwende. Amen.

Tag 11

Große Erwartungen

Denn für Gott ist nichts unmöglich.

Lukas 1,37, NGÜ

Unser Glaubensleben ist unsicher, aber wir können dennoch mit Gutem rechnen. Weil wir zu Gott gehören, können wir ruhig darauf vertrauen, dass seine Verheißungen an uns wahr sind und dass er treu ist. Die Frage ist nicht, ob sich Gott uns zeigt, sondern wie und wann er sich zeigt. Die Frage ist nicht, ob er zu unserem Besten handeln wird, sondern wie er es tut. Die Frage ist auch nicht, ob er uns nachgeht und uns näher an sein von Liebe erfülltes Herz zieht, sondern ob wir ihn erkennen. Wir dürfen in freudiger Erwartung leben! Bei Gott gibt es kein „Wenn". Das „Wenn" ist immer auf unserer Seite.

Wenn wir ihm trauen.

Wenn wir ihm glauben.

Wenn wir ihn bitten.

Wenn wir ihn weiterhin bitten.

Gott liebt es so sehr, wenn sein Volk ihn im Glauben bittet, ihn drängt, ihn immer wieder bittet, ganz gleich, wie lange es dauert, und glaubt, dass er in unserem Interesse handelt.

Vor Kurzem unterhielt ich mich mit einer Freundin, die seit 30 Jahren dafür betet, dass ihre Kinder Jesus kennenlernen. Manchmal verliert sie die Hoffnung und braucht andere, die für sie hoffen. Aber sie betet und glaubt weiter. Und sie hat recht. Denn was ist letztlich für Gott unmöglich? Eine Jungfrau, die ein Kind bekommt? Gott, der Mensch wird und unter uns lebt? Gott, der für *Sie* gekommen ist? Der mitten in Ihrem Durst und Ihrer Unsicherheit zu Ihnen gekommen ist?

Wie der Engel Gabriel schon zu Maria sagte: Für Gott ist nichts unmöglich.

Gott, hilf mir, dass ich mich immer wieder zu dir wende, dir immer wieder vertraue und immer wieder glaube, dass dir nichts unmöglich ist.

Tag 12

Raum schaffen

Er führte mich aus der Not in den weiten Raum der Freiheit, riss mich aus aller Gefahr heraus, weil er Gefallen an mir hatte.

Psalm 18,20, NGÜ

Wir brauchen Freiraum in unserem Leben, um zu staunen, uns zu freuen und Dinge zu bewundern – um Platz zu haben für Gott! Wir alle müssen Entscheidungen treffen, um diesen Raum für ihn frei zu halten. Wir können nicht alles tun oder es allen recht machen.

Manchmal müssen wir sagen: „Es tut mir leid, aber das kann ich nicht tun" oder: „Es tut mir leid. Das sagt jetzt nichts über dich oder über meinen Wunsch zu helfen, aber mein Leben ist gerade zu voll" oder einfach nur: „Nein".

Ich weiß, dass wir mit einem Nein das Risiko eingehen, Menschen zu verletzen. Wir gehen das Risiko ein, sie zu enttäuschen. Aber wenn wir nicht Nein sagen – wenn wir Freiräume ablehnen und unser Leben mit Geschäftigkeit füllen und es anderen recht machen wollen –, gehen wir das Risiko ein, etwas viel Wichtigeres zu verlieren. Wir opfern die Möglichkeit, zu Frauen mit Wert, Inhalt und Tiefe zu werden, weil wir jeden Raum ausfüllen und Gott außen vor lassen. Ein volles Leben ist nicht gleichzeitig auch ein schönes Leben. Ein geschäftiges Leben ist nicht gleichzeitig auch ein Leben voller Freude.

Entscheiden Sie sich für Freiraum. Lassen Sie Platz in Ihrem Leben. Entscheiden Sie sich für Jesus. Er freut sich, wenn er Leere mit Licht und Leben füllen kann, aber zuerst müssen Sie überhaupt leeren Raum für ihn haben. Wir müssen uns nicht vor der Leere fürchten. Nicht vor der Leere in unserem Kalender, unserem Leben oder unserem Herzen. Vielmehr müssen wir nur Jesus in diese leeren und heiligen Freiräume einladen und unsere offenen, erwartungsvollen Herzen wie Schätze hüten – denn das sind sie.

Jesus, ich entscheide mich zu allererst für dich. Ich gebe dir meine Tage und bitte dich, mir zu helfen, sie nicht mit unnötiger Geschäftigkeit zu füllen, sondern Raum zu lassen, um deiner Liebe und Schönheit zu begegnen. Ich fühle mich in der Stille nicht wohl, Gott, aber du dich schon. Außerdem bitte ich dich, mir den Mut zu geben, zu den Menschen und Aufgaben Nein zu sagen, zu denen ich Nein sagen soll. Ich vertraue dir mein Leben und meine Beziehungen an. Bitte hilf mir jetzt, zur Ruhe zu kommen, Herr. Ich lade dich ein, mir zu begegnen. Ich brauche dich. In Jesu Namen.

Tag 13

Sehnsucht nach Gott

Wie ein Hirsch nach frischem Wasser lechzt,
so sehne ich mich nach dir, o Gott!
Psalm 42,2

Wir alle haben Lebensbereiche, die nicht so sind, wie wir es uns wünschen. Unsere Probleme haben ihre Wurzeln vielleicht in der Vergangenheit, in der Angst vor Nähe oder in unserem Wunsch, alles unter Kontrolle zu haben, was schließlich unsere Sicht von uns selbst und unsere Sehnsucht nach Gott verändern kann.

Bei uns allen gibt es irgendetwas, das uns ins Gebet treibt. Das ist nichts, was wir uns ausgesucht hätten oder was wir anderen wünschen würden. Aber wir alle haben einen Lebensbereich – oder auch mehrere –, der uns bewusst macht, dass wir Gott brauchen. Wir können uns selbst nicht befreien. Wir sind schwach und uns ist bewusst, dass etwas in uns kaputt ist und stirbt. Aber wie wunderbar ist es dann, dass wir vor dem einen, der stark ist, auf die Knie gehen und uns helfen lassen können.

Es ist nichts Schlechtes daran, wenn Sie Jesu Hilfe dringend brauchen. Aus irgendeinem Grund ist uns unsere Verzweiflung peinlich, vielleicht, weil sie für uns ein Zeichen dafür ist, dass mit uns irgendetwas ganz gewaltig nicht stimmt. Aber nein, wir sind dazu erschaffen, uns verzweifelt nach Jesus zu sehnen. Wir haben ihn schon immer gebraucht und werden ihn immer brauchen. Ich glaube zwar nicht, dass Gott den Schmerz in unserem Leben verursacht hat, aber ich weiß, dass er ihn dazu benutzt, uns in seine Arme zu führen.

Vater, ich glaube, dass du alles zu meinem Besten wirkst, auch die schlimmen Dinge. Ich bitte dich, dass du die Bereiche, in denen ich zu kämpfen habe, benutzt, um mein Herz zu dir zu ziehen. Ich brauche dich mehr als den Sieg in jedem Lebensbereich. Zeig mir heute mitten in meiner Schwachheit deine Liebe, Vater. Sei du meine Stärke. Ich schaue zu dir auf. In Jesu Namen.

Tag 14

Göttliche Unterbrechungen

Ehe sie zu mir um Hilfe rufen, stehe ich ihnen bei, noch während sie beten, habe ich sie schon erhört.

Jesaja 65,24

Haben Sie sich schon mal bei dem Gedanken ertappt: Ich muss Gott beweisen, dass ich es wert bin, damit er etwas Gutes in meinem Leben tut. Oder vielleicht denken Sie: Andere Menschen mögen vielleicht Wunder erleben, aber ich bin nicht gut genug dafür.

Wunder sind für Gott nicht seltsam. *Wunder sind für ihn normal.* Unser Leben auf göttliche Art zu unterbrechen ist für ihn nichts Außergewöhnliches. Sich auf übernatürliche Weise zu zeigen, zu unserem Herzen zu sprechen und in uns die Sehnsucht nach ihm zu wecken – das ist seine Welt. Er spricht mit uns. Er leitet uns. Wenn wir uns nach ihm ausstrecken, offenbart er uns seine Gegenwart. Er handelt mit seiner Macht durch uns und zeigt uns seine Herrlichkeit. Gott ist zu uns gekommen. Gott wird zu uns kommen. Gott liebt es, zu uns zu kommen.

Und nicht nur das, er liebt es auch, seine Kinder zu retten! Er liebt es, *Sie* zu retten. Er liebt es, sich uns auf dramatische Weise zu beweisen. Die Bibel ist voller Geschichten, in denen Gott die Umstände extra schwierig macht und dann mit einem Schlag beweist, dass er Anteil nimmt und Unglaubliches tut. Das Gleiche will er heute auch in Ihrem Leben tun. Bitten Sie ihn, auf ganz neue, übernatürliche Art in Ihr Herz zu kommen, und erwarten Sie dann, dass er es tut.

Danke, Gott, dass du bereit bist und schon darauf wartest, in meinem Herzen und meinem Leben ein Wunder zu wirken. Ich rechne damit und nehme es an.

Tag 15

Die kaputte Straße

Gott allein kann euch davor bewahren, vom rechten Weg abzuirren. So könnt ihr von Schuld befreit und voller Freude vor ihn treten und ihn in seiner Herrlichkeit sehen. Ihm, dem alleinigen Gott, der uns durch Jesus Christus, unseren Herrn, gerettet hat, gebühren Ehre, Ruhm, Stärke und Macht. So war es schon immer, so ist es jetzt und wird es in alle Ewigkeit sein. Amen.

Judas 24-25

So oft schon habe ich mir gewünscht, ich könnte die Zeit zurückdrehen und meine Worte oder Taten zurücknehmen. „Wenn ich damals nur gewusst hätte, was ich heute weiß! Wenn ich doch nur den Mund gehalten hätte! Warum habe ich das nur gesagt, getan oder mir gewünscht?“ Aber trotzdem ist mir klar, dass ich nur deshalb heute dort bin, wo ich bin, weil ich diesen Weg gegangen bin. Und da waren nicht nur die schönen „Das würde ich sofort noch einmal tun“-Dinge auf dem Weg, sondern auch die hässlichen. So bin ich von dort hierhergekommen.

Vieles an meiner Lebensgeschichte würde ich gerne ändern, vor allem die Momente, in denen meine Probleme und mein Versagen meiner Familie und meinen Freunden Schmerzen bereitet haben. Aber Gott ist auch Teil von ihren Lebensgeschichten. Also öffne ich meine Hand, empfange seine Gnade, lerne und fange noch einmal von vorne an. Ich erinnere mich und gehe weiter.

Es klingt vielleicht seltsam, dass wir an manchen Punkten auf unserem Weg zurückschauen müssen, um vorwärtsgehen zu können, aber es stimmt. Wenn wir unsere Fehler, unsere Siege, unsere Probleme und Sorgen, ja unsere Geschichte vergessen, hält uns das davon ab weiterzugehen und zu den Frauen zu werden, zu denen Gott uns erschaffen hat. Die Erinnerung gehört zum Werden dazu.

Wir sind versucht, voller Bedauern zurückzuschauen statt voller Gnade. Aber Gottes Augen sehen alles und sein Blick ist voller Gnade.

Unsere Vergangenheit hat uns zwar geformt, aber wir *sind* nicht unsere Vergangenheit. Unser Versagen und unsere Sünde hatten zwar Auswirkungen darauf, wer wir sind, aber sie definieren uns nicht. Denkweisen und Süchte mögen uns überwältigt haben, aber sie haben uns nicht bezwungen und werden uns auch nie bezwingen. Jesus hat unseren Sieg errungen. Jesus ist unser Sieg.

Heute ergreife ich den Sieg, den Jesus für mich am Kreuz errungen hat. Ich beschließe, meine Fehler hinter mir zu lassen, weiterzugehen und Gottes Gnade anzunehmen. Ich weiß, dass meine Schwächen nicht bestimmen, wer ich bin. Jesu Werk am Kreuz bestimmt, wer ich bin.

Tag 16

Die Geschichte neu schreiben

Sei mir gnädig, o Gott, sei mir gnädig! Denn bei dir ist meine Seele geborgen … Wach auf, meine Seele!

Psalm 57,1+8, NGÜ

Ganz gleich wie Ihre Vergangenheit aussieht, Gott kann Ihre Geschichte neu schreiben. Ihre Geschichte ist in Wahrheit seine Geschichte und eines Tages wird er sie in all ihrer verborgenen Schönheit erzählen. Sie werden herausfinden, was hinter den Kulissen gelaufen ist. Er wird Ihnen zeigen, wie er alles zum Guten gewirkt hat. Das wird für Sie ein wunderbares Erlebnis werden, wenn Sie hören, wie Gott Sie schon immer geliebt, Sie beschützt und sich über Sie gefreut hat – auch wenn Sie das im Moment nicht so deutlich erkennen, wie Sie es eines Tages sehen werden.

Lassen Sie sich von Gott Ihre Vergangenheit mit seinen Augen zeigen. Bitten Sie ihn, gute Erinnerungen, die Sie vergessen haben, wieder hervorzuholen. Das wird er nur zu gerne tun. Er möchte dazu beitragen, dass Sie heil werden und Ihre Reue durch Gnade ersetzen.

Die Geschichten aus Ihrer Vergangenheit, die Sie geprägt haben, und die Worte, die andere über Ihr Leben gesprochen und die Sie gelähmt haben, haben im Licht der allumfassenden Gnade Jesu nicht die geringste Chance und können Sie nicht länger gefangen halten. Gott hat Unglaubliches an Ihrem Herzen getan, während Sie gelitten haben, auch wenn Sie es jetzt noch nicht sehen können, aber Sie werden es erkennen. Eines Tages werden Sie Ihr Leben mit Gottes liebevollen Augen sehen.

Jesus möchte von Ihnen, dass Sie alle Teile Ihres Lebens ihm gegenüber offenlegen, auch diejenigen, die sie verborgen haben, um sich für ihn akzeptabler zu machen. Er kennt die Bereiche Ihrer Persönlichkeit, die Sie gerne ändern möchten, die Träume, die Sie begraben, und die Wunden, die Sie ignoriert haben. Der Heilige Geist möchte Sie wach küssen. „Komm, meine Liebste. Wach auf! Erinnere dich!"

Jesus ist gekommen, um uns zu heilen und unsere Beziehung zu ihm, zu anderen und sogar zu uns selbst wiederherzustellen.

Gott, hilf mir, meine Vergangenheit mit deinen Augen zu sehen. Hilf mir zu erkennen, wie du sogar die schmerzhaften Teile meiner Geschichte gebrauchst, um Gutes hervorzubringen und etwas Heiliges in mir zu bewirken.

Tag 17

Geschaffen nach dem Ebenbild Gottes

So schuf Gott den Menschen als sein Abbild, ja, als Gottes Ebenbild; und er schuf sie als Mann und Frau.

1. Mose 1,27

Die meisten kleinen Mädchen träumen irgendwann einmal davon, in einem Märchen zu leben. Die große Überraschung, wenn wir älter werden, ist nicht, dass das Märchen eben nur ein Märchen war, sondern dass es viel gefährlicher ist, als wir dachten. Wir leben tatsächlich in einem Märchen, aber es scheint oft, als würden der Drache und die böse Hexe gewinnen. Die Dinge laufen nicht so, wie sie sollten. Feuer und Eis, Schönheit und Schrecken, Schmerz und Heilung liegen dicht beieinander.

Als wir auf diese Welt gekommen sind, haben wir nach Luft geschnappt, und wir schnappen heute immer noch nach Luft, weil die Finsternis so übermächtig zu sein scheint. Eine finstere Seite dieser Welt ist die Frauenfeindlichkeit. Wir hören aus allen Ländern von Gewalt, Vorurteilen und Vernachlässigung gegenüber Frauen, selbst in unserem eigenen Land. Und sogar wir selbst erleben immer wieder Frauenfeindlichkeit – sowohl offen als auch verdeckt.

Als Jesus mit seiner Arbeit auf dieser Erde begann, stellte er die Frauenfeindlichkeit auf den Kopf. In der damaligen Zeit sprach kein Rabbi in der Öffentlichkeit mit einer Frau – nicht mal mit seiner eigenen (was bei orthodoxen Rabbinern auch heute noch der Fall ist). Selbst heute ist es einem orthodoxen Juden verboten, eine Frau zu berühren oder von ihr berührt zu werden, die nicht seine eigene Frau oder eine nahe Angehörige ist.

Jesus hielt sich nicht an diese Regeln. Während seines öffentlichen Wirkens hatte Jesus immer wieder mit Frauen zu tun. Er sprach mit ihnen. Er berührte sie. Er lehrte sie. Er zeigte ihnen Wertschätzung. Er erlaubte Frauen, ihm ganz praktisch zu dienen, ihn zu berühren, seine Füße zu waschen und ihn mit Öl und ihren Tränen zu salben. Weibliche Jünger begleiteten ihn, unterstützten ihn, lernten von ihm und saßen ihm zu Füßen. Wäre die Kirche, der Leib Christi, dem Beispiel von Jesus gefolgt, statt sich an die in der Sünde gefangenen, menschlichen Traditionen zu halten, würden wir an diesem Punkt auf eine viel ehrenhaftere Geschichte zurückblicken.

Die gute Nachricht ist, dass das Leben schon gewonnen hat. Ja, wir befinden uns immer noch auf dem Schlachtfeld mitten in einer Welt, die Frauen oft herabsetzt und verletzt. Aber Gott liebt Frauen. Jesus liebt Frauen. Und je mehr wir zu uns selbst finden, umso mehr lernen wir, uns als Frauen zu lieben und zu erkennen, was wir der Welt alles zu bieten haben.

Jesus, danke, dass du die Frauen liebst mitten
in einer Welt, die uns nicht immer liebt. Hilf mir,
auch mitten in diesem Kampf nicht mit Bitterkeit,
sondern Liebe zu leben. Segne meine Weiblichkeit,
damit ich dich besser kennenlerne! Amen.

Tag 18

Mehr als Überwinder

Denn wir kämpfen nicht gegen Menschen, sondern gegen Mächte und Gewalten des Bösen, die über diese gottlose Welt herrschen und im Unsichtbaren ihr unheilvolles Wesen treiben.

Epheser 6,12

Die Quelle alles Bösen gegen Frauen in dieser Welt sind nicht die Männer, nicht die Kirche, noch nicht einmal die Regierungen oder ungerechte Systeme. Die Bibel sagt ganz klar, dass die Quelle alles Bösen der Böse selbst ist. Wenn wir irgendjemand anderem die Schuld geben, wird sich nichts ändern.

Jesus nannte Satan den Fürsten dieser Welt. Satan ist der Fürst der Finsternis, und sein einziges Ziel ist es zu stehlen, zu töten und Leben in jeder Form zu zerstören. Er hat auf dieser Erde überall dort die Macht, wo Gottes Reich nicht wächst oder weitergeführt wird. Er ist die Quelle für den Frauenhass, den Hass, den auch Sie erfahren haben. Aber wir sollten daran denken, dass Jesus durch seine Kreuzigung, seine Auferstehung und seine Auffahrt in den Himmel den Sieg errungen hat. Alle Macht im Himmel und auf Erden wurde ihm zurückgegeben, wo sie auch hingehört. Und dann hat Jesus sie uns anvertraut.

Wenn wir einmal verstanden haben, dass Satan die Quelle des Frauenhasses ist, kommen wir nicht nur, was das Verständnis unseres Lebens betrifft, einen riesigen Schritt voran, sondern wir finden trotz aller Widrigkeiten unseren Weg zu all dem Guten, das Gott für uns bereithält und das er durch uns wirken möchte.

Es gibt einen Grund dafür, dass der Feind die Frauen fürchtet und seinen Hass über unsere bloße Existenz ausgegossen hat. Soll er doch Angst haben. Durch Jesus Christus, der uns stark macht, sind wir mehr als Überwinder, und wir werden nicht besiegt werden. Gott ist unsere Stärke. Jesus ist unser Beschützer. Der Heilige Geist ist unser Anteil. Und im Namen unseres Gottes und Retters werden wir ihn lieben. Wir werden uns Gott hingeben und uns anbetend vor ihm beugen. Durch die Kraft Christi in uns werden wir uns erheben und Frauen Gottes sein, die sein Königreich unnachgiebig und voller Gnade und Kraft voranbringen.

Mein Vater, ich tue Buße für allen Frauenhass, der in meinem Herzen Wurzeln gefasst hat. Frauenhass ist Hass gegen mich selbst und ist nicht von dir. Ich nehme mein Frausein an. Ich danke dir für mein Leben und entscheide mich für das Leben. Ich gebe dir mein Leben jetzt ganz hin, Jesus, und lade dich ein, deinen Willen in meinem Leben zu tun. Ich bete in deinem herrlichen, wunderbaren Namen, Jesus. Amen.

Tag 19

Miterben Christi

Die Schwierigkeiten bedrängen uns von allen Seiten, und doch werden wir nicht von ihnen überwältigt. Wir sind oft ratlos, aber wir verzweifeln nicht. Von Menschen werden wir verfolgt, aber bei Gott finden wir Zuflucht. Wir werden zu Boden geschlagen, aber wir kommen dabei nicht um.

2. Korinther 4,8-9

Genauso wenig wie wir unseren weiblichen Körper überwinden können, indem wir ihn hassen, können wir auch den Frauenhass nicht überwinden, indem wir Frauen oder Männer hassen. Wenn wir Frauen hassen, hassen wir uns selbst. Wenn wir die Rolle der Frau herunterspielen, spielen wir uns selbst herunter. Wenn wir eifersüchtig oder neidisch sind oder schlecht über andere Frauen reden, machen wir uns eins mit dem Angriff des Feindes auf sie. Auf diese Weise machen wir uns eins mit dem Feind unserer Herzen und dem Feind Gottes, weil wir dadurch sagen, dass das, was Gott geschaffen hat, nicht gut ist.

Es wird Zeit, dass wir damit aufhören. Unser Weg durch die schweren Zeiten fängt mit Liebe an. Nicht mit Schuldzuweisungen, nicht mit Fingerzeigen, sondern mit Liebe.

Wir sollten anfangen, uns über die Rolle, die wir spielen, zu freuen. Wir sollten uns für unsere Berufung einsetzen und uns auf jede erdenkliche Weise darüber freuen. In Wahrheit ist das, was wir als Frauen sind, was wir einbringen und welche Rolle wir in dieser Welt, im Reich Gottes und im Leben von Männern, Frauen und Kindern spielen, von unschätzbarem Wert und großer Kraft.

Wenn Frauen sich nicht erheben und den ihnen gebührenden Platz einnehmen, wird das Reich Gottes sich nicht so ausbreiten, wie es sollte. Damit ein Mann Veränderung und Heilung erfahren kann, braucht es die Gegenwart, Stärke und Barmherzigkeit einer Frau. Ohne eine gottesfürchtige Frau, die sich in das Leben ihres Mannes investiert, wird dieser Mann nicht zu dem Mann, der er sein soll. Und ohne die Stärke, Ermutigung und Weisheit anderer Frauen in ihrem Leben wird eine Frau nicht zu der Frau, die sie sein soll. Frauen sind Träger des Ebenbildes Gottes. Frauen sind Miterben Christi. Frauen sind wertgeschätzt, wertvoll, stark und werden gebraucht.

Ja, es war schwer, aber nur, weil Sie so dringend gebraucht werden. Ihr tapferes Frauenherz wird heute im Leben der Menschen, mit denen Sie leben, arbeiten und die Sie lieben, gebraucht.

Ich danke dir, Gott, dass du uns Frauen eine
einzigartige und lebenswichtige Rolle in dieser
Welt gegeben hast. Wie soll ich meine Gaben und
meine Kraft als Frau heute für dich einsetzen?

Tag 20

Mein wunderschönes Mädchen

Ich will euch trösten wie eine Mutter
ihr Kind.
Jesaja 66,13

Unsere Mütter haben uns Segen und Schmerz gebracht. Wenn wir auf unserem Heilungsweg in Jesus entdecken wollen, dass wir wunderbar sind, müssen wir uns mit unserer Beziehung zu unserer Mutter beschäftigen.

Leider passiert es vielen Müttern, dass sie ihren Töchtern gegenüber Annahme, Wertschätzung und Liebe zurückhalten. Unsere Mütter haben an uns versagt, wenn sie uns unbeabsichtigt ein geringes Selbstwertgefühl weitergegeben haben oder wenn sie unseren Selbstwert von irgendetwas anderem als unserer bloßen Existenz abhängig gemacht haben.

Gott tut das nicht. Unser Wert basiert nicht auf dem, was wir tun, welchen Lebensweg wir einschlagen oder was wir glauben. Unser Wert liegt einzig in der Tatsache, dass wir das Ebenbild des lebendigen Gottes in uns tragen.

Wenn wir nicht von großem Wert wären, dann hätte das Blut von Böcken, Lämmern, Ochsen und Stieren genügt, um die Menschheit aus der Gefangenschaft der Sünde freizukaufen. Erinnern Sie sich daran, dass die Menschheit damals im Garten Eden in Gefangenschaft geriet und der Rückkaufpreis so hoch war, dass es noch nicht einmal eine Lösegeldforderung gab? Aber Gott wusste es und ging uns nach. Er griff ein.

Lassen Sie sich von Gott bemuttern und heilen. Beten Sie weiter und streben Sie nach dem Mehr, das Gott für Sie bereithält. Ganz egal, ob Ihre Mutter Ihnen das jemals gezeigt hat, aber Sie müssen wissen, dass Sie ein Herzensgeschenk für sie waren. Jede Mutter lernt mehr von ihren Kindern, als sie ihnen je beibringt.

Sie waren ein wunderschönes, kleines, von Herzen geliebtes Mädchen. Sie waren ein wunderschönes, kleines Mädchen mit einem Gott im Himmel, der Vater und Mutter für Sie ist, sich über Sie freut, mit Ihnen trauert und auch ungesehen in Ihrem Leben wirkt. Sie waren damals wunderschön und sind es jetzt auch noch.

Wie hat die Sicht Ihrer Mutter von sich selbst,
ihrem Körper und ihrer Rolle als Frau Ihre Sicht von
sich selbst beeinflusst?

Tag 21

Erinnerungen heilen

Ich will euch zurückgeben, was die Heuschrecken, die Grashüpfer, die Raupen und Käfer gefressen haben.
Joel 2,25 (NL)

Was Sie von Ihrer Mutter mitbekommen haben, hat Sie geformt und die Grundlagen in Ihrem Leben gelegt. Aber das, was davon nicht gut war, muss nicht Ihr Schicksal bestimmen. Die heilende Gegenwart von Jesus Christus kann in Ihr Leben kommen und den Schmerz Ihrer Kindheit wegwaschen. Das, was Sie jetzt glauben und wofür Sie sich jetzt entscheiden, bestimmt Ihren Weg und Ihre Zukunft.

Jesus ist derjenige, der das Recht hat, mit Autorität und Macht in unser Leben hineinzusprechen. Er hat die Macht, das zu segnen, was wir sind und was wir werden. In ihm besteht unser Erbe, und es ist wichtig, dass wir ihm unsere Herzen, unsere Wunden und alles, was wir sein sollten, bringen. Er ist der Treue und Wahrhaftige. Er ist derselbe, gestern, heute und in Ewigkeit. Er will uns heilen.

Wenn wir uns an die Verletzungen aus unserer Kindheit erinnern, ändert das zwar nichts an dem, was geschehen ist, aber im Licht der Liebe und Gegenwart Jesu können wir die Dinge anders sehen und erleben. Der Stachel des Todes ist nicht mehr da, den Schmerz der Erinnerung haben wir Jesus überlassen und können nun endlich heil werden.

Gott stellt unsere Vergangenheit und unsere Erinnerungen in einen neuen Kontext, wenn er uns heilt. Indem Gott sich um uns kümmert, uns beschützt, uns vorbereitet und ins Leben führt, bringt er uns zu unserer wahren Persönlichkeit und unserem wahren Leben zurück. Wir sind geliebt, gewollt und werden gesehen, denn Gott freut sich an uns und sorgt für uns. Für ihn sind wir unendlich kostbar und sein Plan für uns bleibt bestehen.

Dreieiniger Gott, ich rufe dich an. Komm und begegne mir jetzt. Bitte komm und zeige mir, wo ich Heilung brauche, Jesus, und heile mich. In welche Phase meines Lebens willst du kommen, Gott? Wo brauche ich dich? Ist es die Zeit, in der meine Mutter mit mir schwanger war? Ist es die Zeit, als ich ein Kind, ein kleines Mädchen oder eine junge Frau war? Oder sind es alle diese Lebensphasen? Jesus, ich bitte dich, zu mir zu kommen und mich in meinem Inneren und den unsichtbaren Bereichen meines Herzens zu heilen. Ich brauche dich. Komm mit deinem Licht und deiner Liebe. Komm mit deiner zärtlichen, starken und gnädigen Gegenwart und erfülle mich jetzt. In Jesu Namen. Amen.

Tag 22

Laden Sie Jesus ein

Er sprach nur ein Wort, und sie wurden gesund.

Psalm 107,20

Wenn Sie um die Heilung Ihrer Vergangenheit beten, wird Jesus in Ihnen Erinnerungen, Ereignisse und Gefühle aus der Vergangenheit wachrufen. Waren Sie als Kind zufrieden? Wurden Ihre wichtigsten Bedürfnisse erfüllt – wie Nahrung, Sicherheit und gesunde Nähe? Haben Sie die nötige Aufmerksamkeit bekommen? Hat man sich einfach darüber gefreut, dass Sie da waren?

Halten Sie inne und laden Sie Jesus in diesen Bereich ein.

Jesus, mein Heiland, hilf mir, mich an die Dinge zu erinnern, an die ich mich erinnern muss. Danke, dass du das Kind liebst, das ich damals war, und dass du die Frau liebst, die ich heute bin.

Wenn Jesus Ihnen jetzt Dinge zeigt, nehmen Sie ihn mit hinein und bitten Sie ihn, Sie zu heilen. Brauchen Sie Vergebung? Dann vergeben Sie. Müssen Sie weinen? Dann lassen Sie Ihre Tränen fließen, aber laden Sie Jesus ein, dabei zu sein. Bitten Sie ihn um Heilung. Bitten Sie ihn, sich genau um diese Sache zu kümmern.

Halten Sie inne und laden Sie Jesus mit folgendem Gebet ein.

Jesus, mein Heiland, komm zu mir, wenn ich weine.
Ich will vergeben. Hilf mir dabei.

Eine Mutter sollte wissen, was im Leben ihres Kindes passiert. Sie sollte aufmerksam sein. Sie sollte eingreifen. Wusste Ihre Mutter, was passiert ist? Hat sie eingegriffen? Hat sie Sie beschützt?

Bitten Sie Jesus, in diesen Bereich Ihres Lebens zu kommen.

Jesus, mein Heiland, begegne meinem Schutzbedürfnis. Komm in die Bereiche, die Schutz gebraucht hätten, als ich klein war. Zeig mir, wo ich Heilung brauche.

Eine Mutter sollte ihre Tochter zu Selbstständigkeit und Selbstbewusstsein ermutigen. Wurden Sie als Kind akzeptiert? Wurden Sie beachtet? Wurden Sie gefeiert? Hat man Sie ermutigt, Ihren Interessen nachzugehen? Hat man Ihnen Aufmerksamkeit geschenkt und sich über Sie gefreut? Erinnern Sie sich daran, dass man Sie zur Einzigartigkeit ermutigt hat? Hatten Sie bei Ihrem Übergang in die Welt des Frauseins das Gefühl, akzeptiert zu sein und dorthin zu gehören?

Bitten Sie Jesus, in diesen Bereich zu kommen.

Jesus, mein Heiland, begegne meinem Bedürfnis
nach Ermutigung, meinem Verlangen danach, dass
mein wahres Ich gefeiert wird.

Ich habe selbst erlebt, wie Gott eine leidvolle Vergangenheit, Missbrauch, Alkoholismus und Selbsthass heilen kann. So schwer dieser Prozess auch sein mag, so sind unsere dadurch gewonnene Freiheit, Heilung und Freude es doch wert.

Jesus, komm. Zeig mir, wo ich Heilung brauche.

Tag 23

Gottes Wiegenlied

Vor Liebe ist er sprachlos ergriffen und jauchzt doch mit lauten Jubelrufen über dich.

Zefanja 3,17 (NL)

Vor einigen Jahren sind John und ich dem strengen Winter in Colorado entflohen und haben Freunde in Tucson, Arizona, besucht. Nach einem erholsamen Tag, an dem wir die Wunder der Wüste entdeckt hatten, beteten wir abends miteinander. Ein Satz, den eine Freundin während dieses Gebetes sagte, ging mir nicht mehr aus dem Kopf: „Vater, sing uns dein Wiegenlied der Freude."

Wie viele andere Mütter auch habe ich meinen Kindern leise Wiegenlieder gesungen, um meine kleinen Jungs in den Schlaf zu singen. Weil ich den Text oftmals nicht komplett wusste, erfand ich einfach beim Singen irgendetwas dazu und fügte außerdem noch oft ihre Namen ein. Das machte mir unheimlich viel Freude und wie es sich zeigte, mochten sie es auch sehr.

Als ich mich an jenem Abend in Tucson ins Bett legte, fragte ich Gott, wie sein Wiegenlied der Freude über mich ginge. Sofort wanderten meine Gedanken zurück zu einigen ganz besonderen Augenblicken an diesem Tag: als ich alleine im Schatten saß und auf den Wind lauschte, der durch die Blätter des gewaltigen Eukalyptusbaumes über mir wehte und wie lebendiges Wasser klang. Ich dachte an die Schreie der Rotmilane, während sie über ihrem Horst ihre Kreise zogen. Die Wachteln und Trauertauben und andere Vögel, die ich nicht kannte, stimmten sogar in ihre Melodien mit ein. Es war eine wahre Symphonie. Und dann war wieder alles still bis auf das Rascheln der Blätter, als wieder eine Brise ihr Lied in den Zweigen des Baumes sang.

Es war ein heiliges Lied. Ein Wiegenlied der Freude. Für mich. Für Sie.

Was für ein Wiegenlied singt Gott Ihnen heute? Schließen Sie die Augen und stellen Sie sich vor, wie Gott für Sie singt. Was singt er? Was empfinden Sie, wenn Sie seine Stimme hören?

Tag 24

Das einzig wahre Spiegelbild

Wie schön du bist, meine Freundin, wie schön! Deine Augen hinter dem Schleier sind wie Tauben.

Hoheslied, 4,1 (NL)

Meine Mutter sagte immer: „Wer schön sein will, muss leiden." Stöckelschuhe, in denen man die Zehen in die engen Spitzen quetscht, Miederhosen, Beine enthaaren, Wimpernzange, Augenbrauen zupfen …

Vielleicht verbringe ich deshalb viel zu viel Zeit vor einem gut beleuchteten Schminkspiegel und betrachte ganz kritisch meine Haut, mein Gesicht und diese schrecklichen Haare am Kinn, die scheinbar aus dem Nichts sprießen. Mein Mann sagt, ich soll den Spiegel rausschmeißen. Vielleicht bin ich einmal so weit – wenn ich einen haarlosen Zustand erreicht habe. Oder besser noch, vielleicht wenn meine Seele die Wahrheit dessen, was Gott über mich sagt, endlich wirklich begriffen hat.

In Wahrheit fordert Gott mich schon seit Jahren auf, den Schminkspiegel rauszuwerfen. Er fordert mich auf, mich von dem intensiven Blick auf die zahllosen Unvollkommenheiten in meinem Gesicht und meiner Seele zu befreien und stattdessen dem Spiegelbild zu glauben, das er mir zeigt.

Das einzige Spiegelbild, das wirklich zählt, ist das Spiegelbild, das wir in seinen liebevollen Augen sehen. Was sieht er? Was sagt er? Er sagt, dass wir wunderschön sind, so wie wir sind.

Jesus, wie siehst du mich heute? Wenn du mich genau anschaust, wenn du mich unter die Lupe nimmst, was siehst du dann? Hilf mir, mich so zu sehen, wie du mich siehst.

Tag 25

Jesus ist das Ziel

Ich bin ganz sicher, dass Gott sein gutes Werk, das er bei euch begonnen hat, zu Ende führen wird bis zu dem Tag, an dem Jesus Christus kommt.

Philipper 1,6

Vollkommenheit wird es in keinem wichtigen Lebensbereich geben. An dieser Tatsache kommen wir nicht vorbei und deshalb müssen wir sie akzeptieren, doch das befähigt uns auch dazu, dass wir ungehindert weiterarbeiten können. Wir können wachsen. Wir können liebevoller, gnädiger, barmherziger werden und wir sind nicht mehr in der Sünde gefangen und ihren Versuchungen verfallen. Wir sündigen zwar immer noch, aber wir sind nicht mehr dazu verdammt und das nur, weil wir Jesus an unserer Seite haben.

Jesus fordert uns auf, in der Schönheit, die er uns verliehen hat, zu ruhen. Er will, dass wir aufhören, nach einem Maß an Perfektion zu streben, das bei einer Puppe oder auf dem Titelblatt einer Zeitschrift wunderbar aussieht, aber im echten Leben einfach nicht zu erreichen ist.

Bedenken Sie, dass Gott nicht sagt, dass unser Ziel darin besteht, auf dieser Erde Vollkommenheit zu erreichen. Die Medien, unsere kritische innere Stimme und unser Neid sagen uns, wir sollen nach Perfektion streben. Aber unsere Hoffnung liegt nicht darin, endlich alles in den Griff zu bekommen. Unsere Hoffnung liegt in Jesus. Und Jesus ist in uns. Es ist Christus in uns und unsere Hoffnung auf die Herrlichkeit, die uns entspannter werden lässt.

Im Diesseits werden wir nicht vollkommen sein. Aber Jesus ist nicht der „Werdende“, er ist der „Ich bin“. Er ist vollkommen – immer. Durch ihn werden wir heiliger und wahrhaftiger und er ist unser Ziel.

Jesus, danke, dass du nicht verlangst, dass ich heute vollkommen sein muss! Du willst nur, dass ich dir gehöre.

Tag 26

Gott liebt das Sonderbare

Was wir jetzt sind, ist allein Gottes Werk. Er hat uns durch Jesus Christus neu geschaffen, um Gutes zu tun. Damit erfüllen wir nun, was Gott schon im Voraus für uns vorbereitet hat.

Epheser 2,10

Die meisten von uns definieren „normal" als „so wie ich", und deshalb sehen sie alle anderen Menschen als seltsam an. Doch das kann zu Schwierigkeiten untereinander führen, weshalb es hilfreich ist, sich selbst einzugestehen, dass man genauso komisch ist wie alle anderen und dass Gott die Komischen liebt. Er liebt Sie! Er hat einen großartigen Sinn für Humor, und er liebt Sie heiß und innig.

Er hat Sie so gemacht, wie Sie sind – und das mit Absicht. Wenn wir zu uns selbst finden, arbeiten wir aktiv mit Gottes Plan für unser Leben zusammen, anstatt gegen ihn oder uns selbst anzukämpfen. Gott nimmt uns hier und jetzt an, und er will, dass wir uns ebenso annehmen. Er sieht uns voll Freude und Gnade an und will, dass wir uns selbst auch mit Freude und Gnade anschauen. Uns selbst anzunehmen bedeutet, unseren unvollkommenen Körper anzunehmen und dafür dankbar zu sein, aber nicht nur das. Wir können auch andere Wahrheiten über uns selbst annehmen.

Unsere Persönlichkeit ist ganz unsere eigene. Unsere Geschichte ist ganz unsere eigene. Unser Geschmack ist ganz unser eigener. Die Art, wie wir uns selbst schützen, ist uns eigen. Die Art, wie wir Beziehungen knüpfen, ist uns eigen. Die Sünde, zu der wir am meisten neigen, ist uns eigen. Die Art, wie wir am liebsten einen freien Nachmittag verbringen, ist uns eigen. Wir sind absolut einzigartig, und eine einheitliche Form für alle ist nur für Plätzchen gut.

Jesus, ich will nicht gegen deinen Plan für mein Leben arbeiten, sondern mit ihm zusammen. Du nimmst mich so an, wie ich bin, und ich möchte mich ebenfalls annehmen. Wie kann ich heute ganz ich selbst sein?

Tag 27

Gottes gutes Werk begeistert annehmen

Du hast mich mit meinem Innersten geschaffen, im Leib meiner Mutter hast du mich gebildet. Herr, ich danke dir dafür, dass du mich so wunderbar und einzigartig gemacht hast! Großartig ist alles, was du geschaffen hast – das erkenne ich!
Psalm 139,13-14

Gott nimmt uns nicht nur an, er ist begeistert von uns. Von sich selbst begeistert zu sein ist für die meisten von uns weit hergeholt. Aber bedenken Sie, dass Jesus uns dazu aufgefordert hat, unseren Nächsten so zu lieben wie uns selbst. Wie können wir unseren Nächsten lieben wie uns selbst, wenn wir uns selbst gar nicht lieben? Wie können wir fröhliche Frauen werden, wenn wir das Komische an unserer eigenen Dummheit nicht sehen?

Ein Weg, wie wir noch mehr wir selbst werden, besteht zwar darin, dass wir für die Sünde in unserem Leben Buße tun, aber Gott ist nicht ständig von uns enttäuscht. Wenn wir andauernd wegen unserer Macken und Schwächen mit uns selbst schimpfen, untergräbt das nur unsere Kraft, zu uns selbst zu finden.

Sicher ist es wichtig, Buße für unsere Sünde zu tun, aber uns selbst wegen unserer Sünde ständig fertigzumachen, kommt nicht mehr infrage.

Uns selbst begeistert anzunehmen hat nichts mit Arroganz zu tun oder damit, dass wir uns mit weniger zufriedengeben, als wir es sein könnten. Uns selbst begeistert anzunehmen bedeutet, das Gute von Gottes Werk in uns anzunehmen. Es bedeutet, dass wir Gott vertrauen und glauben, dass alles, was er geschaffen hat, herrlich und gut ist. Sie sind die Einzige, die so sein kann wie Sie. Für die Welt, Gottes Reich und alle um Sie herum ist es notwendig, dass Sie sich selbst begeistert als den Menschen annehmen, als der Sie geschaffen sind, damit Sie immer mehr zu sich selbst finden.

Wunderbarer Gott, du raubst mir den Atem. Und es ist so unfassbar für mich, dass ich auch dir den Atem raube! Ich erinnere mich daran, dass der Mensch zwar auf das Äußere schaut, dass du aber das Herz siehst. Mein Herz gehört dir. Du hast mir ein neues Herz gegeben, als ich mein Vertrauen auf Jesus gesetzt habe, und mein Herz ist in deinen Augen schön. Hilf mir, das zu glauben, Vater. Hilf mir, in dieser Wahrheit zu ruhen. In Jesu Namen.

Tag 28

Eine höhere Wahrheit

Gott streckte mir seine Hand von oben entgegen und riss mich aus den tosenden Fluten. Er befreite mich von der Übermacht meiner Feinde, von allen, die mich hassten und so viel stärker waren als ich. Sie hatten mich überfallen, als ich schon im Unglück steckte. Aber der HERR gab mir sicheren Halt und führte mich aus der Not hinaus in die Freiheit. Er rettete mich. So viel bedeute ich ihm!

Psalm 18,17-20

Hoppla! Was stand da auf der Waage? Na gut. Tief durchatmen. Das ist nur eine Zahl. Reine Information. Es ist kein Urteil. Es fühlt sich vielleicht so an, aber das ist es nicht. Ja, vielleicht sollten wir mehr Wasser trinken, darauf achten, was wir so essen und bewusstere und gesündere Entscheidungen treffen. Das wäre gut. Aber die Zahl bleibt nur eine Zahl. Der Spiegel ist nur ein Spiegel. Die Meinung der anderen ist nur deren Meinung. Wie viel wir wiegen, was wir tragen und was andere über uns denken, hat rein gar nichts damit zu tun, wer wir sind.

Sie können heute zu einer höheren Wahrheit aufsehen. Sie sind teuer erkauft. Sie gehören nicht sich selbst. Sie sind heilig und von Herzen geliebt. Sie sind umworben und umkämpft – und zwar *heute*. Sie können sich auf die Zahl auf der Waage oder auf dem Kontoauszug konzentrieren oder auf jede Menge anderer Zahlen. Oder Sie konzentrieren sich darauf, wie oft Gott an Sie denkt, etwas für Sie plant, für Sie kämpft, sich nach Ihnen sehnt. Ach nein. So weit können Sie ja gar nicht zählen. Der eine, der die Haare auf Ihrem Kopf gezählt hat, der jede Ihrer Tränen auffängt und jeden Tag Ihres Lebens kennt, hält Sie jetzt und hier für wunderschön. Ruhen Sie in dieser Wahrheit und beginnen Sie den Tag mit Selbstbewusstsein und Freude. Sie gehören ihm.

Ach Gott, ich danke dir, dass du mit deiner Wahrheit meine Gedanken durchbrichst! Ich liebe, was du über mich denkst!

Tag 29

Träume riskieren

Er zweifelte nicht, sondern vertraute Gottes Zusage. Ja, sein Glaube wurde nur noch stärker. Er gab Gott die Ehre.

Römer 4,20

David Kohl zufolge, einem ehemaligen Professor an der Technischen Universität von Virginia, verdienen Menschen, die ihre Träume und Wünsche regelmäßig aufschreiben, im Laufe ihres Lebens etwa neunmal so viel als Menschen, die das nicht tun. (Überlegen Sie nur, was Sie damit erreichen könnten! Was könnten Sie Gutes tun? Welche gemeinnützige Arbeit könnten Sie unterstützen?) Lebensträume werden für die Menschen wahr, die sich erlauben zu träumen, die sich ihre Träume eingestehen, sie aufschreiben und sie sich regelmäßig anschauen.

16 Prozent der Amerikaner sagen, sie hätten Träume, schreiben sie aber nicht auf. Vier Prozent schreiben ihre Wünsche und Träume auf, aber weniger als ein Prozent schauen sie sich regelmäßig an oder überarbeiten sie. Aber die Mehrzahl aller Amerikaner – nämlich 80 Prozent – sagt, dass sie keine Träume haben, und wir können uns denken, warum. Das Leben kann einem die Lust am Träumen nehmen. Doch der lebendige Gott will diese Träume wieder in Sie hineinlegen.

Ich möchte Sie dazu ermutigen, es zu riskieren zu träumen und diese Träume aufzuschreiben. Wenn Sie erst einmal damit anfangen, werden Sie feststellen, dass es durchaus Dinge gibt, die Sie sich wünschen. Und wenn Ihnen nichts einfällt, dann versuchen Sie es erst einmal mit den Dingen, die Sie mögen. Das kann Fliederduft, eine kuschelige Decke vor einem Kaminfeuer oder ein fröhliches Lachen im Kreis von lieben Freunden sein. Es hilft uns, uns bewusst zu machen, was wir mögen, und das aufzuschreiben.

Es ist gut, sich mit Gott in ein stilles Eckchen zu setzen und ihn zu fragen: „Was wünsche ich mir?“ und: „Was wünschst du dir für mich?“.

Fühlt es sich gefährlich an zu träumen? Ist es riskant zu hoffen? Aber bedenken Sie, dass wir Gottes Gaben, seine Liebe und seine Träume nicht überbieten können. Erlauben Sie sich, groß zu träumen! Lassen Sie Ihre Träume tief und weit reichen.

Für Gott ist nichts unmöglich. Nichts ist zu schön, um wahr zu sein. Aber wenn Sie keinen Traum haben, wie soll er dann wahr werden?

Jesus, komm. Führe mich. Heiliger Geist, erfülle mich. Träume mit mir und in mir. Hilf mir, die Wünsche freizusetzen, die du in mein Herz gelegt hast, und sie aufzuschreiben. Hilf mir, groß zu träumen.

Tag 30

Wollen, was Gott will

Setzt euch zuerst für Gottes Reich ein und dafür, dass sein Wille geschieht. Dann wird er euch mit allem anderen versorgen.

Matthäus 6,33

Inzwischen habe ich große und vielfältige Träume. Auf meiner Liste stehen Dinge wie: Ich will Tomaten im Blumentopf ziehen und einen fantastischen Pastel de Tres Leches (Kuchen mit drei Sorten Milch) backen. Ich will ohne Holzklotz auf ein Pferd steigen können. Ich will erleben, dass bestimmte Menschen zu Jesus finden. Ich will in bestimmte Länder reisen und dort Vorträge halten, und ich will eine bestimmte Kleidergröße tragen können.

Ich habe Sehnsüchte und Träume für meinen Mann und meine Söhne und für unsere Beziehungen. Ich will lernen, richtig gute Fotos zu machen und so die Schönheit festhalten, die mich umgibt. Ich will stark sein. Ich will Gottes Herz besser kennenlernen. Ich will, dass sein Leben mich erfüllt. Ich will herausfinden, wie tief ich in seine unermessliche Liebe eintauchen kann.

Manche Träume werden hier im Diesseits schon wahr. Ich bin mir zum Beispiel ziemlich sicher, dass ich eines Tages Tomaten ziehen kann. Und manche meiner Träume werden sich weiterentwickeln, wie zum Beispiel Gottes Herz besser kennenzulernen.

Ich liebe es, die Liste meiner Träume anzuschauen, weil sie mir zeigt, wie Gott mich geschaffen hat. Auch die „Kleinigkeiten" wie Backen und Gartenarbeit erinnern mich daran, dass ich im Ebenbild des Schöpfers erschaffen bin, und wenn ich selbst etwas erschaffe, komme ich ihm näher. Gott ist so gut, dass er uns Freude an dem schenkt, was er ohnehin für uns will!

Lieber Vater, ich glaube, dass du gut bist und diejenigen belohnst, die dich suchen. Aber ich verwechsle, welche Rolle meine Träume spielen. Ich will nicht meinem eigenen Glück nachjagen, sondern dem, was dir Ehre und Freude macht. Doch ich weiß auch, dass ich dir wichtig bin und dass du mir diese Wünsche aus einem bestimmten Grund geschenkt hast. Mögen sie mich heute näher an dein Herz führen. Ich lege sie dir zu Füßen. Ich vertraue darauf, dass du mich führst. Ich entscheide mich, meine Träume nicht zu unterdrücken, sondern sie dir anzuvertrauen. In Hoffnung und in Jesu Namen.

Tag 31

Ein lebendiges Herz

Ich will euch ein neues Herz und einen neuen Geist geben. Ja, ich nehme das versteinerte Herz aus eurer Brust und gebe euch ein lebendiges Herz.

Hesekiel 36,26

Ich möchte Sie ermutigen, ein offenes Herz zu haben und Ihre Träume weiterhin aufzuschreiben. Bitten Sie Gott immer wieder, Ihnen seine Träume und Wünsche für Ihr Leben zu zeigen. Ich weiß, dass er sich auf jeden Fall ein lebendiges, waches Herz für Sie wünscht, das sich dessen, was in Ihrem Inneren vorgeht, bewusst ist und weiß, dass Gott sich darüber freut, wer Sie sind – hier und jetzt. Wer Sie sind, zeigt sich in dem, was Sie wollen.

Wenn wir aufwachen und die Träume annehmen, die Gott in unser Herz gelegt hat, geht es dabei nicht darum, Dinge zu bekommen oder Ziele zu erreichen. Es geht nicht darum, Gott um das zu bitten, was wir brauchen, denn er hat uns bereits versprochen, für das zu sorgen, was wir brauchen. Es geht vielmehr darum, uns die Person zu eigen zu machen, die wir sind und als die er uns erschaffen hat – in ihm. Er ist unser Traum, der in Erfüllung geht, und die eine wahre Liebe unseres Lebens.

Aber wir können ihn nicht von ganzem Herzen lieben, wenn unser Herz nicht lebendig ist. Jesus zu lieben heißt, dass wir das Risiko eingehen müssen, lebendig zu sein, Wünsche und Träume zu haben. Sie müssen das Risiko eingehen, daran zu glauben, dass Ihre Träume eines Tages in Erfüllung gehen werden.

Fragen Sie sich selbst: „Was würde ich liebend gerne tun? Was würde ich gerne erleben oder erschaffen oder geben? Worin möchte ich wirklich gut sein? Was will ich mit Gott erreichen? Was will Gott mit mir erreichen? Wofür möchte ich einmal bekannt sein?“ Schreiben Sie Ihre Antworten auf. Bitten Sie Gott, Ihre Träume zu gestalten und Ihnen zu helfen, tatsächlich von ihm zu erwarten, dass er Ihre Träume wahr werden lässt.

Tag 32

Bewusst leben

Dabei ist mir klar, dass ich dies alles noch lange nicht erreicht habe und ich noch nicht am Ziel bin. Doch ich setze alles daran, es zu ergreifen, weil ich von Jesus Christus ergriffen bin.

Philipper 3,12

Ihre Wünsche und Träume aufzuschreiben, kann eine Angelegenheit alleine zwischen Ihnen und Gott sein. Sie können aber auch jemandem von Ihren Träumen erzählen, der vertraulich damit umgehen wird. Lassen Sie Ihre Wunschskala ruhig bis zum Anschlag gehen, denn sie hat nicht das Geringste mit Ihrer Unzufriedenheitsskala zu tun.

Ihre Wünsche haben einen Grund. Manche Wünsche haben wir mit einer ganzen Menge anderer Menschen gemeinsam. Viele wünschen sich im Grunde die gleichen guten Dinge: Gemeinschaft, Beziehungen, näher bei Gott sein. Aber viele Ihrer Wünsche und Träume haben nur Sie. Gott hat sie Ihnen gegeben, damit Sie sie sich bewusst machen, sie annehmen, sie hegen, ihnen nachgehen und sie ihm schließlich zurückgeben. Lassen Sie zu, dass Gott Ihre Träume dazu benutzt, dass sich Ihre Persönlichkeit immer wunderbarer entfaltet.

Wenn wir zu den Frauen werden wollen, die wir sein sollen, und die Rolle spielen wollen, die Gott uns zugedacht hat, dann müssen wir immer mehr aus der Fülle eines heilen Herzens zu leben lernen. Wir wollen aufmerksam und am Leben interessiert sein, also Frauen, die *bewusst leben*.

Gott schenkt uns unsere Träume und wir geben sie ihm zurück. Wenn wir träumen und unsere Träume aufschreiben, fordern wir damit nicht, dass sie in Erfüllung gehen. Wir machen sie uns nur als zu uns gehörig bewusst. Und weil sie zu uns gehören, nehmen wir sie an.

Jesus, komm und führe mich. Hilf mir, die Wünsche, die du in mein Herz gelegt hast, auf Papier festzuhalten. Hilf mir, die Träume anzunehmen, die du mir gegeben hast. Hilf mir, dass sich die Frau, die du aus mir machen möchtest, immer mehr entfaltet.

Tag 33

Leben Sie Ihre Schönheit

Denn alles, was Gott geschaffen hat, ist gut …

1. Timotheus 4,4

Vor einigen Jahren kam ich einmal frisch vom Friseur und sah fantastisch aus. Ich weiß nicht, wie sie das macht, aber wenn ich bei meiner Friseurin war, sieht mein Haar an diesem Tag immer unglaublich gut aus. Ich bekomme das nie so hin wie sie. An jenem Tag schaute ich in den Spiegel, sah eine umwerfende Frisur und fühlte mich schön. Ich fühlte mich schön. Wir wissen alle, dass das selten genug vorkommt.

Wenige Stunden später hatte ich eine Besprechung, und so zog ich mich etwas dem Anlass entsprechender an. Ich zog meine schicken Jeans an. Ich liebe diese Jeans. Ich weiß nicht warum, aber sie sind einfach schick. Dazu trug ich ein rotes Oberteil und Ohrringe aus wunderbar schimmernden Türkisen. Das war nicht mein Standard-Outfit, aber ich mochte es.

Kaum hatte ich mich umgezogen, kam eine Freundin überraschend vorbei. Als sie mich sah, blieb sie abrupt stehen und rief: „Du lebst deine Schönheit!“

Ich lebte meine Schönheit. Ich hatte die Jeans nicht zum ersten Mal an, das Oberteil auch nicht, und die Ohrringe hatte ich wahrscheinlich auch schon dazu getragen. Aber etwas in mir war entspannt und ich war eins mit mir selbst. Ich war eine Frau, die Gott glaubte, wenn er sagte: „Du bist wunderschön.“

Ich hatte mich nicht mithilfe irgendwelcher Folterinstrumente in die Jeans gezwängt und hatte auch meine Seele nicht in irgendeine vorgegebene Form gequetscht. Ich habe einfach nur in meiner Schönheit gelebt, war einfach ich selbst und habe mich selbst angenommen. Vielleicht war es das erste Mal, aber bitte lass es nicht das letzte Mal gewesen sein, Jesus.

Manche, die das jetzt lesen, sagen vielleicht: „Die Jeans muss fantastisch gewesen sein und sie muss dir großartig gestanden haben, aber ich sehe in gar keiner Jeans gut aus." Soll ich Ihnen verraten, dass diese Jeans 54 war? Diese fantastische, umwerfende Lieblingsjeans war Größe 54.

Heute trage ich nicht mehr Größe 54, aber ich hoffe, dass ich immer noch genauso meine Schönheit lebe wie an jenem denkwürdigen Tag, und zwar in jeder Beziehung.

Gott, ich liebe es, dass du in mir lebst. Deine Schönheit ist in mir. Wie kann ich heute dein Licht strahlen lassen?

Tag 34

Ein strahlendes Licht

Wer Gott liebt, gleicht einer immergrünen Palme, er wird mächtig wie eine Zeder auf dem Libanongebirge. Er ist wie ein Baum, der im Vorhof des Tempels gepflanzt wurde und dort wachsen und gedeihen kann. Noch im hohen Alter wird er Frucht tragen, immer ist er kraftvoll und frisch.

Psalm 92,13-15

Vor zwei Jahren war ich zum Mittagessen zu Gast bei einem Frauenkreis einer Kirchengemeinde und an einem der Tische saßen lauter ältere Damen. Zwei von ihnen waren 90 und eine andere feierte genau an jenem Tag ihren 93. Geburtstag. Sie waren elegant frisiert, trugen Make-up und farbenfrohe, schicke Kleidung. Sie amüsierten sich so prächtig, dass ich einfach an ihrem Tisch sitzen wollte.

Zu behaupten, unsere weibliche Schönheit erreiche ihren Höhepunkt irgendwann in den Zwanzigern, ist einfach lachhaft. Natürlich haben junge Frauen eine dynamische Schönheit, aber *diese* Frauen – diese viel älteren Frauen – waren umwerfend. Sie hatten Falten und graue Haare. Kein Botox, kein Lippenfüller und keine Fettabsaugung radierte ihr Alter aus. Aber sie hatten etwas viel Schöneres an sich als junge Frauen. Sie hatten Herzen, die jahrzehntelang durch den Glauben gepflegt worden waren.

Es ist ein großer Verlust, dass unsere Gesellschaft die Weisheit und das Wissen nicht mehr schätzt, die durch ein langes und gut geführtes Leben entstehen. Wir vergessen, dass graue Haare und Falten verdient sein wollen. Aber Gott sagt, dass unsere spätere Herrlichkeit die frühere übertreffen wird. Wenn ich mir vorstelle, wer ich wohl in den kommenden Jahrzehnten sein werde, wird mir klar, dass ich mir vor allem wünsche, dass Gottes Liebe in mir sichtbar ist.

Aus den Augen der Frauen, die ich an jenem Tag traf, strahlte ein Licht, das durch alle Sorgen, allen Schmerz und alle Verluste, die sie zweifellos erlebt hatten, nicht ausgelöscht werden konnte. Sie liebten Gott und ihre Herzen waren lebendig. Es gibt nichts Schöneres.

Danke, Herr, für die älteren Frauen in meinem Leben, die deine Schönheit und deine Treue widerspiegeln. Ich möchte beständig von ihnen lernen, und ich möchte ein Vorbild sein für Frauen, die jünger sind als ich. Amen.

Tag 35

Es kommt auf den Blickwinkel an

Ihr verschwendet so viel Zeit und Geld für Mode – glaubt ihr wirklich, das ändert irgendetwas? Statt auf die Mode zu schauen, solltet ihr lieber hinaus auf die Wiese gehen und die Wildblumen anschauen. Sie machen sich nicht zurecht und gehen nicht einkaufen, aber habt ihr schon jemals solche Farben und ein solches Design gesehen? Selbst die zehn bestgekleideten Männer und Frauen sehen neben ihnen schäbig aus.

Matthäus 6,27-29 (nach der engl. Übertragung „The Message")

Ich habe gelernt, dass schön zu sein, sich gut zu fühlen und sich seiner selbst zu freuen absolut gar nichts mit unserem Gewicht, unserem Alter oder unserer Figur zu tun hat. Lassen Sie das bitte einmal einen Augenblick lang auf sich wirken und probieren Sie, ob Sie sich mit diesem Gedanken anfreunden können. Lassen Sie die Möglichkeit, dass es tatsächlich stimmt, einen Augenblick auf Ihren Geist wirken, bevor Sie den Gedanken gleich wieder abtun.

Bei Schönheit geht es nicht um die Frisur, die Kleidung, den Familienstand, den Kontostand oder die Kilo auf der Waage. Schönheit ist eine Qualität des Geistes, die man vor allem an einer Frau sieht, deren Seele zur Ruhe gekommen ist, weil sie Gott glaubt, wenn er sagt, sie sei schön. Sie strebt nicht mehr nach dem unerreichbaren Schönheitsmaßstab dieser Welt, um akzeptiert zu werden, sondern ist als Kind und Erbin des lebendigen Gottes sein Ebenbild. Sie hat für sich erkannt und angenommen, als wen Gott sie geschaffen hat.

Je besser Sie Gott kennenlernen, umso mehr werden Sie ihn lieben und umso mehr werden sein Leben und seine Schönheit zu einem Teil von Ihnen.

Nur zu, schauen Sie einmal ausgiebig in den Spiegel. Sagen Sie sich selbst, dass Sie der Hammer sind. Gott sagt das von Ihnen, und er muss es schließlich wissen.

Herr, danke! Ich bitte dich, dass die Menschen um mich herum in mir das Licht deiner Liebe sehen und von ihm angestrahlt werden. Ich liebe dich!

Tag 36

Mutig leben

Wirkliche Liebe ist frei von Angst. Ja, wenn Gottes vollkommene Liebe uns erfüllt, vertreibt sie sogar die Angst. Wer sich also fürchtet und vor der Strafe zittert, bei dem ist Gottes Liebe noch nicht zum Ziel gekommen.

1. Johannes 4,18

Als ich auf dem College war, kam ich eines Abends alleine in meine dunkle Wohnung. Nachdem ich die Tür aufgeschlossen hatte, ging ich hinein und knallte sie hinter mir wieder zu. Doch nach ein paar Schritten hatte ich das Gefühl, dass etwas nicht stimmte. Ich schaute hinter mich, und dort im Schatten hinter der Tür, verborgen in der Dunkelheit, stand ein Mann. Ich schrie nicht, ich lief nicht weg, ich bewegte mich nicht einmal. Ich bekam nur weiche Knie und brach einfach zusammen. Toll zu wissen, wie ich in einer lebensgefährlichen Situation reagiere.

Ich gebe zu, dass ich von mir und meiner Reaktion auf angsteinflößende Situationen nicht grade begeistert bin. Aber Angst kann einen Menschen nun mal leicht ins Wanken bringen und erstarren lassen. (Es stellte sich heraus, dass der Mann der Freund meiner Mitbewohnerin war, der mich erschrecken wollte. Und er hatte danach ein schrecklich schlechtes Gewissen.)

In diesem Augenblick, in dem mich die Furcht packte, war ich vollkommen machtlos. Kennen Sie diese schrecklichen Albträume, in denen man laut schreien möchte, um jemanden zu retten oder selbst um Hilfe zu rufen, und es kommt nicht der leiseste Ton aus Ihrem Mund? Oder Sie müssen davonlaufen, aber Ihre Beine bewegen sich nicht und Sie können sich nicht rühren oder davonrennen?

Angst lähmt uns. In ihrer mildesten Form ist die Angst eine Spaßbremse. Sie ist wie eine nasse Decke, die die feurige Leidenschaft erstickt, die Gott in Ihr Herz gelegt hat, als er Sie erschaffen hat. Die Angst lässt uns erstarren. Doch erstarrte Gedanken, erstarrte Seelen und erstarrte Leiber können sich nicht bewegen, können nicht träumen, können nichts riskieren, können nicht lieben und können nicht leben. Die Angst fesselt uns.

Es ist kein Wunder, dass die Bibel uns sagt, dass Angst und Liebe nicht zusammenpassen. Denn wenn wir beständig in Angst leben, sind wir nicht frei, um andere, Gott oder uns selbst so zu lieben, wie Gott es sich vorgestellt hat. Unser Geist wird von der Angst zu Boden geworfen, so wie mir es damals passierte.

Wenn wir Gottes Liebe zu uns in unserem tiefsten Innern annehmen, befreit uns das, mutig und ohne Angst zu leben. Wir sind frei, um die zu sein, als die Gott uns geschaffen hat.

Jesus, komm und reiß meine Angst wie Unkraut aus meinem Leben aus. Ersetze sie durch die Offenbarung deiner Güte. Überwältige meine Angst mit deiner Liebe. Fülle die Lücke in meiner Seele zwischen dem, was ich zu glauben bekenne und dem, was ich tatsächlich glaube. Ich will dich kennen. Genau kennen. Wirklich kennen. Auf jene Art, die dir bereitwillig vertraut.

Tag 37

Was wird Gott sagen?

Alle Weisheit beginnt damit, dass man Ehrfurcht vor dem Herrn hat.

Sprüche 9,10

Angst wird als lebenswichtige Reaktion auf eine körperliche oder seelische Gefahr definiert. Wenn wir keine Angst empfinden könnten, würden wir uns nicht vor ernsthaften Bedrohungen schützen. Angst kann also durchaus berechtigt sein. Gott will schließlich nicht, dass wir in einer Traumwelt leben und die Realität leugnen.

Gott will auch, dass wir im Leben immer mehr Weisheit gewinnen, die wiederum aus unserer Ehrfurcht vor Gott kommt. Es gibt also eine gute Furcht, eine heilige Furcht, eine Furcht, die uns dazu bringt, den Einen, der es verdient hat, zu ehren.

Die Furcht, die für die meisten Probleme sorgt, ist nicht die Furcht vor Gott, sondern die Furcht vor den Menschen. Diese Furcht kennen wir alle nur zu gut. Die Angst, dumm dazustehen oder etwas Dummes zu sagen und dann abgetan, ausgestoßen und gemieden zu werden. Diese Angst kennt jeder Schüler, egal ob Grundschule oder weiterführende Schule. Aber können wir sie jemals wirklich überwinden? Es ist die gleiche Angst, wegen der wir stumm bleiben, wenn wir etwas sagen sollten. Es ist die Angst, gegen den Strom zu schwimmen oder das zu sagen, was der Heilige Geist uns eingibt.

In ihrer schlimmsten, mächtigsten Form verkrüppelt die Angst unsere Seele und entstellt jede Faser unseres Herzens. Sie verformt unsere innere Welt so lange, bis wir nichts mehr mit dem Traum in uns, wie wir wirklich sind, gemein haben. Und unser Leben hat dann auch nichts mehr mit dem Leben gemein, das wir eigentlich leben sollen. Die Angst beraubt uns also unserer selbst.

Wenn wir die Wahrheit verinnerlichen, dass wir hier und jetzt wunderbar sind und dass wir in Gottes Armen sicher sind, dann wandelt sich die Frage von „Was werden die anderen sagen?“ zu „Was wird Gott sagen?“. Dann wird uns bewusst, dass wir lieber auf Gottes liebevolle Antwort vertrauen sollten als irgendeiner launischen Antwort der Menschen. Wenn Sie im Leben nach Weisheit suchen, dann nur Mut! Bei dieser Veränderung fängt die Weisheit an.

Haben Sie heute aus Angst statt aus Liebe
irgendetwas in Ihrem Leben zugestimmt?

Tag 38

Uns selbst verlieren

Die Menschen zu fürchten ist eine
gefährliche Falle …
Sprüche 29,25 (NL)

Manche Menschen sagen, Angst bestehe aus falschen Fakten, die wahr zu sein scheinen. Aber oft sind Tatsachen, die als wahr erscheinen, auch wirklich wahr. Es könnte tatsächlich ein Mann hinter der Tür stehen. Es könnte wirklich ein Autounfall geschehen sein. Es passieren grausame, schreckliche Dinge. Und man ahnt vielleicht nichts, bis man schließlich davon erfährt. Das wissen Sie. Und Sie können eins und eins zusammenzählen: Wenn diese Familie von einer solchen Tragödie heimgesucht wird, wer weiß, was uns dann passieren kann? Wenn diese schlimme Sache passieren kann, dann kann jene viel schlimmere Sache auch passieren.

Wir Frauen sind besonders anfällig für alle möglichen Ängste, weil wir andere umsorgen, weil wir lieben und weil wir nach Gottes gnädigem Plan auf besondere Art verletzlich sind. Unsere Verletzbarkeit gehört zu dem, was uns als Frauen ausmacht. Durch sie können wir so lieben, wie wir es tun, können Beziehungen schützen, trösten, gnädig sein und mit unserer Kreativität zur Gestaltung dieser Welt beitragen. Und leider macht sie uns auch anfällig für Angst.

Das heißt, dass wir schnell dabei sind, uns auf Angst und Spekulationen einzulassen. Nehmen wir einmal an, Sie hätten immer wieder Kopfschmerzen. Wie schnell überlegen Sie, ob das wohl ein tödlicher Hirntumor sein könnte? Ihre beste Freundin hat einige Tage nicht angerufen und Sie denken: „Ob sie wohl sauer ist? Habe ich sie beleidigt? Telefoniert sie jetzt lieber mit jemand anderem? Will sie mich nicht mehr?“

Die meisten meiner Freundinnen gestehen, dass sie solche

Gedanken haben. Die Angst macht aus einem wunderbaren Teil von uns – der verletzlichen, liebenden, kreativen Seite – etwas, das unser wahres Selbst lähmt.

Jesus, meine Fantasie, meine Liebe für andere und meine Verletzbarkeit sind alles gute Gaben, aber wenn die Angst dazwischenkommt, werden sie verdreht und ich verletze mich selbst und andere dabei. Ich will nicht in die Falle der Angst tappen. Hilf mir, dass ich diese guten Gaben wieder so gebrauchen kann, wie du es dir vorgestellt hast, und sie nicht die Tür zur Angst in meinem Leben sind. Amen.

Tag 39

Außer Kontrolle

... wenn ihr Gutes tut und vor nichts Angst habt.

1. Petrus 3,6 (NL)

Wenn wir unsere Angst überwinden wollen, müssen wir erst einmal ganz ehrlich über das Leben auf dieser Erde reden.

Wir haben Angst, dass unsere Ehe nicht halten könnte, und das kann womöglich auch eintreffen. Wir haben Angst, etwas oder jemanden, der uns viel bedeutet, zu verlieren, und das passiert vielleicht. Wir haben Angst, uns zu blamieren, wenn wir den Mund aufmachen oder hinfallen oder mit Klopapier am Schuh aus der Toilette kommen. So etwas passiert immer wieder. Kleinigkeiten passieren. Große Dinge passieren. Wir haben Angst zu versagen, Angst, *im Leben* zu versagen.

In Wirklichkeit wissen wir an keinem Tag, welches Glück oder Unglück uns begegnen wird. Wir leben in einer gefallenen Welt und wir sind Frauen, die lieben. Wenn wir jemanden lieben, gehen wir das Risiko ein, denjenigen zu verlieren. Wir riskieren all die schmerzhaften Erfahrungen, die wir lieber vermeiden würden. Mir geht es wie vielen Frauen: Meine größte Angst ist, dass meinem Mann oder meinen Kindern etwas Schreckliches passieren könnte. Was ist Ihre größte Angst?

Die knallharte Wahrheit in Bezug auf unsere größten Ängste ist, dass das, was passiert, sich völlig unserer Kontrolle entzieht. Das Leben entzieht sich unserer Kontrolle. Die Menschen entziehen sich unserer Kontrolle und vor allem ihre Entscheidungen entziehen sich unserer Kontrolle. Letztlich können wir nur über das Leben einer einzigen Person bestimmen – über uns selbst. Inwiefern kann diese Einsicht Ihre Gedanken und

Ängste in Bezug auf den heutigen Tag beeinflussen und verändern?

Jesus, ich weiß nicht, was heute oder morgen oder an irgendeinem anderen Tag in meinem Leben oder in der Welt passieren wird. Ich begreife, dass ich die Zukunft nicht kontrollieren kann, aber meine Gedanken und Ängste kann ich kontrollieren. Hilf mir, sie dir zu Füßen zu legen, immer und immer wieder. In Jesu Namen. Amen.

Tag 40

Gottes größtes Gebot

Denn der Geist, den Gott uns gegeben hat, macht uns nicht zaghaft, sondern er erfüllt uns mit Kraft, Liebe und Besonnenheit.

2. Timotheus 1,7

Zwar kann Angst uns zu bestimmten Leistungen motivieren, aber sie wird niemals etwas dauerhaft verändern. Wenn man Angst hat, keine Freunde zu finden, kann einen das dazu bringen, weniger egozentrisch zu sein oder mehr zuzuhören. Wenn man Angst hat, persönlich nicht weiterzukommen, kann einen das motivieren, zu einem Berater zu gehen. Wenn man Angst hat, beruflich in einer Sackgasse zu landen, kann einen das dazu bringen, einen Kurs zu belegen oder sich einen Mentor zu suchen. Angst kann uns zu positiven Dingen motivieren, wie zum Beispiel ein Adrenalinschub, der es möglich macht, vor Gefahr davonzulaufen.

Aber Angst ist nur ein Katalysator. Sie ist genauso wenig eine verändernde Kraft wie Scham. Wenn wir in unserer Angst gefangen sind, statt uns von ihr antreiben zu lassen und sie letztlich hinter uns zu lassen, werden wir nicht wachsen. Wenn wir uns nicht mit unserer eigene Angst auseinandersetzen, wird sie versuchen, ihren Frieden mit uns zu schließen.

„Es ist normal, vor diesem oder jenem Angst zu haben. Das ist in Ordnung. Wenn du keine Angst mehr hast, passiert etwas Schlimmes", will sie uns suggerieren. Und wenn die Angst erst einen Lebensbereich im Griff hat, wird sie versuchen, noch weitere Lebensbereiche einzunehmen.

Sie wissen, was wir Frauen tun, wenn wir vor etwas Angst haben: Wir reden uns ein, wir hätten die Situation, die Person oder die Beziehung unter Kontrolle, indem wir sie einfach beschützen. Und wenn dann etwas Schlimmes passiert, ist es unsere Schuld. Also sollten wir besser beständig auf der Hut sein – oder anders ausgedrückt, immer Angst haben.

Das ist eine Lüge. Wenn wir unsere Zeit und unsere Kraft damit vergeuden, uns selbst zu beschützen, statt Gott zu vertrauen, bleiben wir auf dem Weg zu uns selbst stecken.

Gott ist ein Gott der Liebe, und er gebietet, uns zu lieben und nicht den ganzen Tag Angst zu haben und Gedankenspielchen zu betreiben, um uns einzureden, wir hätten alles im Griff. Er gebietet uns zu lieben.

Ich entscheide mich heute zu lieben, statt Angst
zu haben. Beides zusammen geht nicht.

Tag 41

Können wir Gott vertrauen?

Du bist gütig und tust den Menschen Gutes.
Psalm 119,68 (NGÜ)

Ich bin eine Mutter und das bedeutet, dass mein Herz und mein Leben ständig in Bewegung sind und manchmal sogar völlig außer Kontrolle zu sein scheinen. Ich habe risikobereite, abenteuerlustige, leidenschaftliche Söhne, die lieber von Klippen springen, als Briefmarken zu sammeln, Motorräder interessanter finden als Minivans und lieber klettern gehen, als Münzen zu sammeln. Mir ist bewusst, in welcher Welt wir leben, sowohl physisch als auch geistlich. Und ich kenne Angst. Zu oft schon habe ich versucht, meine Angst zu mildern, indem ich versucht habe, meinen Mann, meine Söhne und meine Welt zu kontrollieren. Dadurch ist meistens alles nur noch schlimmer geworden.

Einmal hat mich eine Freundin angerufen und hinsichtlich ihrer Beziehung zu ihrem Sohn im Teenageralter um Rat gefragt, weil er von ihr verlangt hatte, dass sie ihn loslassen solle. Als dann auch noch ihr Mann zu ihr sagte: „Du schnürst ihm die Luft ab“, hatte sie versucht, ihn zu kontrollieren.

Sie drängte ihn dazu, mit ihr zu reden und schnitt immer wieder Themen an wie Drogen, Alkohol, Sicherheit oder gottesfürchtiges Leben. Doch anstatt ihn zum Gespräch einzuladen, verlangte sie von ihm, dass er ihr zuhörte, und das alles – ganz richtig – aus Angst. Sie wollte ihn nahe bei sich halten und beschützen. Aber das hatte genau die gegenteilige Wirkung, bis sie schließlich merkte, dass sie ihn mit ihrem von Angst getriebenen Verhalten nur von sich stieß.

Grenzen sind gut. Gespräche sind gut. Anweisungen sind gut. Es ist richtig, die Kinder unter Kontrolle zu behalten und ihnen alles über Sicherheit, gute Entscheidungen und die Welt, in der wir leben, beizubringen. Doch wenn sie älter werden, brauchen sie auch in diesen Bereichen immer mehr Freiheit. Deshalb ist es wichtig, dass wir die Leine immer länger lassen und schließlich ganz loslassen. Wenn wir das nicht schaffen, dann steckt dahinter unsere Angst. Aber das noch tiefere Problem ist das mangelnde *Vertrauen*.

Können wir unser Leben, unsere Zukunft und das Leben derer, die wir lieben, Gott anvertrauen? Können wir einem Gott vertrauen, den wir nicht kontrollieren können? Können wir einem Gott vertrauen, der Leben und Tod, Freude und Leid so ganz anders interpretiert als wir?

Ja, das können wir.

Weil wir ihn kennen. Und wir wissen, dass er es gut mit uns meint.

Jesus, du bist gut. Ich vertraue dir heute mein Leben an. Ich vertraue dir das Leben derer an, die ich liebe. Meine Liebe für andere führt so oft dazu, dass ich Angst habe und mir große Sorgen mache. Was soll ich mit diesen Gedanken und Gefühlen machen? Wie kann ich dir vertrauen, wenn ich so die Kontrolle verliere? Hilf mir zu verstehen, was es heute für mich bedeutet, dass du ein guter Gott bist. In Jesu Namen. Amen.

Tag 42

Der einzig sichere Ort

Ich will mich in Frieden hinlegen und schlafen, denn du allein, Herr, gibst mir Geborgenheit.

Psalm 4,9 (NL)

Auf dem Weg dahin, wir selbst zu werden, müssen wir uns für das Leben entscheiden, aber auch dafür, etwas zu riskieren und auch zu lieben. Der einzige Ort, an dem unser Herz sicher ist, ist tief in der großartigen, ewigen, unfassbaren, überwältigenden Liebe Gottes zu uns. Seine Liebe ist das einzige Sicherheitsnetz, das wirklich hält. Klingt das nicht besser als ein Leben voller ängstlicher, falscher Kontrolle? Kommen Sie und werden Sie frei in der Liebe Gottes.

Ich mache hier keine leeren religiösen Versprechungen. Christ zu werden bedeutet nicht, dass wir vor jedem Unglück, Verlust und allen Sorgen bewahrt bleiben. Es bedeutet aber sehr wohl, dass wir in all dem sicher sind und heil hindurchkommen werden. Genauer gesagt sogar weit mehr als das. Wir haben vielleicht nicht alles so unter Kontrolle und sicher im Griff, wie wir das möchten, aber als Gottes geliebte Kinder dürfen wir uns einiger Dinge sicher sein.

Zum einen werden wir ganz sicher sterben. Aber wir brauchen keine Angst davor zu haben, weil wir sicher wissen, was danach kommt. Das ewige Leben gibt es wirklich. Den Himmel gibt es wirklich. Einige Menschen, die uns sehr nahestanden, sind uns schon vorausgegangen, und die Tatsache, dass wir sie nicht für immer verloren haben, mildert unseren Schmerz über ihren Verlust. Wir sind nur für eine Weile getrennt. Die freudige Wiedervereinigung wird kommen. Das ist uns versprochen.

Jesus hat uns auch versprochen, dass er uns niemals verlassen wird. Das stimmt, ganz gleich, was unsere Gefühle oder Umstände uns sagen.

Wir wissen, dass uns nichts, gar nichts von der Liebe Gottes trennen kann, die wir in Jesus erfahren dürfen. Und wir wissen, dass Gott in allem zum Guten wirkt für diejenigen, die ihn lieben und nach seinem Willen berufen sind. In allem. Auch wenn es noch dicker kommt.

Das ist eine Verheißung, an die wir uns klammern sollten.

Ich bin nach Gottes Willen berufen. Nichts, vor dem ich Angst habe, kann daran etwas ändern.

Tag 43

Alles, was ihr braucht

Und mein Gott wird euch aus seinem großen Reichtum, den wir in Christus Jesus haben, alles geben, was ihr braucht.
Philipper 4,19 (NL)

Die Angst sagt uns schon morgens: „Du hast nicht genug Kraft oder Zeit oder Liebe für diesen Tag." Die Angst sagt uns im Supermarkt: „Dein Geld wird niemals bis zum Monatsersten reichen." Die Angst sagt uns mitten in der Nacht: „Wenn Gott dich wirklich lieben würde, hättest du mehr."

Gott verspricht uns, dass wir alles haben werden, was wir brauchen. *Alles*. Wir bekommen das, was wir brauchen, nicht nach der Armseligkeit dieser Welt oder der Armut unseres eigenen momentanen Glaubens, sondern nach dem großen Reichtum in Christus. Niemand ist so reich wie er!

Ich muss gestehen, dass das, was ich zu brauchen glaube, nicht immer mit dem übereinstimmt, was Gott glaubt, dass ich es brauche. Aber jede von uns kann davon berichten, wie Gott sie versorgt hat, als sie in Not war. Ich kann unglaubliche Geschichten davon erzählen, wie ich Lebensmittel vor meiner Tür gefunden habe, von einem anonymen Spender zwanzig Dollar bekam und damit tanken fahren konnte, und wie meine Studiengebühren genau an dem Tag, an dem sie fällig waren, eintrafen.

Wenn wir der Angst nachgeben und Gottes Güte infrage stellen, benutzt der Teufel unsere Bedürfnisse, um uns von Gott zu trennen. Wenn wir aber lernen, uns von Gott abhängig zu machen und mit seiner Versorgung zu rechnen, benutzt Gott unsere Bedürfnisse, um uns näher zu sich zu ziehen. Wem werden Sie heute glauben?

Jesus, hier sind meine großen und kleinen
Bedürfnisse. [Erzählen Sie ihm, was Sie brauchen.]
Ich glaube, dass du mir meinen Bedürfnissen
gemäß und entsprechend deiner übergroßen Liebe
für mich begegnen wirst.

Tag 44

Furchtlos

Sie alle werden dich bekämpfen – doch ohne Erfolg, denn ich bin bei dir und beschütze dich. Das verspreche ich, der Herr.

Jeremia 1,19

Unser Gott ist ein Befreier, das steht fest, aber er sieht die Dinge anders als wir. Ein Beispiel dafür ist Jeremia, der bereits im Mutterleib zum Propheten berufen wurde. Und wie bei vielen anderen Verheißungen dieser Art wurde auch diese erfüllt. Und trotzdem wurde Jeremia von seinen eigenen Brüdern angegriffen und geschlagen, von einem Priester und falschen Propheten in den Stock gespannt und vom König ins Gefängnis gesperrt. Ihm wurde mit dem Tod gedroht, er wurde von den Führern Judas in eine Zisterne geworfen und bekam Widerstand von einem falschen Propheten zu spüren.

Hm, wann genau hat Gott ihn da gerettet? Nachdem er geschlagen worden war. Nachdem er ins Gefängnis gekommen und ihm gedroht worden war. Er hat erst Widerstand erdulden müssen und wurde in die Zisterne geworfen.

Ja, Gottes Sicht der Dinge ist völlig anders als unsere. Jeremia musste viel durchmachen genau wie jeder Gläubige vor und nach ihm, wenn auch nicht immer in diesem Ausmaß. Doch was Gott zu Jeremia sagte, sagt er auch zu uns: „Hab keine Angst. Lass dir an meiner Gnade genügen."

Eine Freundin gab mir kürzlich folgenden Rat: „Liebe verdrängt die Angst. Wenn du also so furchtlos werden willst, dass du tatsächlich die Art von Leben führst, die Gott für dich vorgesehen hat, dann musst du so tief in die Gegenwart der Liebe eintauchen, dass kein Platz mehr bleibt für die Angst. Mut entsteht in der Liebe, nicht in der Angst."

Das Reich Gottes breitet sich aus, und das kann auch der Teufel nicht verhindern. Wollen Sie nicht dazu beitragen, das Reich

Gottes auszubreiten? Und wollen Sie nicht in die Tiefen von Gottes Herz vordringen? Wollen Sie nicht mehr Heilung, mehr Befreiung, mehr Vertrautheit und mehr Leben erfahren? Die Angst bringt uns dazu, uns zurückzuziehen. Die Liebe bewirkt, dass wir vorwärtsgehen und das Reich Gottes vorantreiben.

Jesus, wie kann ich heute dazu beitragen, dass
das Reich Gottes gebaut wird? Auf welche Weise
möchtest du mich heute tiefer an dein Herz
ziehen?

Tag 45

Sein Eigen

Meine Tochter, dein Glaube hat dich geheilt.
Geh in Frieden.
Markus 5,34

Jesus war unterwegs, um die Tochter eines Mannes zu retten. Eine große Menschenmenge folgte ihm. Er wurde geschubst und geschoben, als er plötzlich stehen blieb und fragte: „Wer hat mich berührt?"

Daraufhin gab sich eine Frau zu erkennen. Sie fiel ihm zu Füßen und erzählte ihm ihre ganze Geschichte. Sie hatte seit zwölf Jahren Blutungen und war bei allen Ärzten gewesen und hatte jedes nur erdenkliche Heilmittel ausprobiert – nichts hatte geholfen. Ihr blieb nur noch eine Möglichkeit, sich durch die Menge zu quetschen und das Gewand von Jesus zu berühren, denn sie wusste, dass sie, wenn sie es schaffte, geheilt werden würde.

Für diese Frau war es gegen das Gesetz, draußen unter den Menschen zu sein. Sie hatte Blutungen. Sie war unrein. Es war gegen das Gesetz, dass sie als Frau Jesus berührte, der ein Mann war. Aber gegen jedes Gesetz und gegen allen Widerstand streckte sie sich nach Jesus aus, drängte sich mit aller Kraft zu ihm und wurde geheilt.

Jesus erkannte diese Frau als sein Eigen an und nannte sie „meine Tochter".

Auch Sie erkennt Jesus als seine Tochter an. Er wendet Ihnen freundlich sein Gesicht zu. Sie können mit Ihrer ganzen Geschichte zu ihm kommen, mit allem, was Sie als Frau sind, und mit allem, was Sie nicht sind. Sie können ihm Ihre Siege und Niederlagen und Ihre Ängste bringen. Er wird Ihnen nichts Gutes verweigern. Er wird sich nicht abwenden.

Jesus, ich komme heute, um dein Gewand zu berühren. Sieh mich an. Höre mich. Erkenne mich. Heile mich. In deinem Namen bitte ich. Amen.

Tag 46

Glaube nur

Hab keine Angst. Glaube nur.

Markus 5,36 (NL)

Ich liebe die Geschichte von Jairus und Jesus in Markus 5. Jesus war gerade über den See gekommen und Jairus – ein Vorsteher der örtlichen Synagoge – war zu ihm gekommen, um ihn zu begrüßen. Eigentlich war er nicht nur gekommen, um ihn zu begrüßen, er kam, um ihm zu Füßen zu fallen. Er bat Jesus – nein, er flehte ihn an –, seine Tochter zu heilen. Und Jesus war ganz er selbst und sagte zu.

Aber auf dem Weg zum Haus von Jairus kam ein Diener zu Jairus und berichtete ihm, dass seine Tochter gestorben war. „Du brauchst den Lehrer nicht mehr zu bemühen."

Jesus wandte sich zu Jairus und sagte das Gleiche zu ihm, was er auch zu uns heute sagt: „Hab keine Angst. Glaube nur."

Angesichts des Unmöglichen sagte Jesus zu Jairus (und damit auch zu uns), er solle nur glauben. Nachdem sie die Worte gehört hatten, die Jairus' größte Sorge hatten wahr werden lassen, sagte Jesus: „Lass dich nicht von Angst überwältigen. Du kannst dir vielleicht noch nicht vorstellen, wie alles gut werden kann, aber mit mir ist nichts unmöglich. Ich bin gut. Du kannst mir vertrauen."

Jairus verließ Jesus nicht, sondern drängte sich mit ihm zusammen zu seinem Haus durch die Menschenmenge und brachte Jesus an das Bett seiner toten Tochter. Irgendwo tief in Jairus glomm ein Funke Hoffnung, den selbst seine größte Angst nicht auslöschen konnte.

Und Sie wissen, was dann passierte. Jesus sagte zu dem Mädchen: „Steh auf." Und sie stand auf, denn wer könnte sich dem Ruf Jesu widersetzen?

Hören Sie heute, wie Jesus die folgenden Worte zu Ihrem Geist spricht: „Lass dich nicht von der Angst überwältigen, mein Kind. Du erkennst vielleicht noch nicht, wie alles gut werden kann, aber mit mir ist nichts unmöglich. Ich bin gut. Du kannst mir vertrauen. Ich komme bald."

Tag 47

Das letzte Wort

Ich will den Herrn loben von ganzem Herzen, alles in mir soll seinen heiligen Namen preisen!

Psalm 103,1

Vor ein paar Jahren machte ich gerade meinen Morgenspaziergang, als ich während meiner Zeit mit Gott, nachdem ich jahrelang dafür gebetet hatte, spürte, wie in meinem Herzen die Mauern der Angst um das Leben meiner Jungs einfielen. Sie fielen einfach ein. Es war einer jener Momente, in denen der Schleier zwischen Himmel und Erde ganz dünn wird. In diesen Momenten weiß ich, dass Gott gut ist, dass mir der Himmel sicher ist und welche Kraft und Autorität ich in Jesus besitze. In diesem Augenblick glaubte ich, dass ich für meine Jungs oder meinen Mann absolut gar nichts zu fürchten hatte. Und für mich auch nicht. Nichts.

Sobald diese Last von mir fiel, wurde ich von meinen Gedanken überrascht. Ich spürte plötzlich die Freiheit, Wünsche zu haben. Der Wunsch, Fallschirmspringen zu gehen, kam wieder auf. (Wo war er gewesen?) Der Wunsch, Fahrrad zu fahren, Bergtouren zu machen, Menschen zum Essen einzuladen und Jesus immer noch mehr zu kennen, Frauen zu lehren, vor ganzen Stadien zu sprechen und *mein Leben zu leben*. Ganz und gar. Mit Hingabe.

Was passiert, wenn Gott uns von lang gehegten Ängsten befreit? Was passiert, wenn wir unsere Ängste Gott überlassen und sie von seiner Liebe vertreiben lassen? Was kommt nach der Angst? Der Glaube? Ja, aber in Form von Verlangen.

Wenn Ängste sich auflösen, taucht plötzlich ein Verlangen auf, das Sie noch nie gekannt haben. Es kommt die Freiheit auf, das eigene Leben zu ergreifen und es zu leben. Und ich meine, es wirklich und unerschrocken zu leben. In Ihrem Herzen entstehen Wünsche für Sie selbst und für andere. Es entstehen Wünsche in Bezug auf das, was Sie geben, tun, erleben und *sein* möchten. Wie hoch können wir fliegen, wenn die Angst uns nicht mehr hält? Wie tief können wir eintauchen? Wie viel Freude können wir erleben? Natürlich wird es auch Trauriges geben – das gehört dazu –, aber das Leben hat das letzte Wort. Jedes Mal. Immer.

Jesus, welche Wünsche hast du heute für mich?
Welche Träume erwarten mich, wenn ich meine
Angst loslasse? Zeig mir die Freiheit, die ich mir zu
eigen machen soll. Amen.

Tag 48

Ein himmlischer Tausch

Das geknickte Schilfrohr wird er nicht abbrechen und den glimmenden Docht nicht auslöschen. Unbeirrbar setzt er sich für das Recht ein.

Jesaja 42,3

Die Angst ist nicht unser Verbündeter. Sie ist nicht unsere Bestimmung. Die Dinge, die wir fürchten, stehen uns im Weg, wenn wir Jesus besser kennenlernen, seine Liebe empfangen und durch seine Liebe geheilt werden wollen. Deshalb ist es wichtig, dass wir zulassen, dass Gott uns zeigt, welche Ängste wir haben, von denen wir vielleicht noch gar nichts wissen, und dann die weiße Fahne hissen und uns ergeben. Wir ergeben uns aber nicht der Angst, sondern Gott und seiner Liebe, damit seine vollkommene Liebe unsere Furcht austreiben kann und wir das empfangen können, was er uns stattdessen schenken möchte.

Es gibt nichts, für das man sich schämen müsste. Die Bereiche, in denen wir trotz unserer Beziehung zu Gott immer noch Angst haben, sind nur die Bereiche, in denen wir seine Liebe noch vollständig empfangen müssen. Nur durch seine Gnade und seine Liebe können wir unsere Ängste loslassen. Loslassen und anschließend *empfangen* – seine Träume und seine Liebe empfangen. Wir tauschen Angst gegen Wünsche. Wir tauschen Tod gegen Leben.

In der Liebe ist kein Platz für Furcht. Und eines kann ich Ihnen ganz sicher sagen: Gott will nicht, dass Sie in Angst leben. Und er wünscht sich über alles, dass Sie leben.

Sie wissen wahrscheinlich genau, in welche Bereiche Ihres Lebens Sie Gott noch nicht einladen konnten, weil Sie es sich einfach nicht getraut haben. Wenn wir unsere Angst aufgeben, bringen wir sie zu Jesus. Wir sagen: „Diese Angst ist zu viel für mich, ich kann sie nicht mehr ertragen. Ich befehle sie dir an, weil ich glaube, dass du gut und meines Vertrauens würdig bist."

Wenn wir unsere Ängste im Glauben aktiv Jesus zu Füßen legen, erhalten wir dafür seine Liebe. Es ist kein gerechter Tausch. Es ist ein himmlischer Tausch.

Jesus, meine Angst ______________________
______________ ist mir zu viel. Ich lege sie dir
zu Füßen. Ich will deine Liebe, deinen Frieden und
deine Freude dafür empfangen. Amen.

Tag 49

Sagen Sie Ja zu Gottes Plan

Sie haben ihn besiegt durch das Blut des Lammes und weil sie sich zu dem Lamm bekannt haben. Für dieses Bekenntnis haben sie ihr Leben eingesetzt und den Tod nicht gefürchtet.
Offenbarung 12,11

Vor einigen Jahren machten John und ich eine unendlich schwere Zeit durch. Wir erlebten viele geistliche Angriffe. Einmal war es so schlimm, dass ich dachte, John würde es nicht überleben. Ich hatte Angst.

Eines Abends kam John ins Wohnzimmer und sagte: „Wir müssen dem Feind diese Waffe entreißen. Er gebraucht unsere Angst gegen uns, besonders deine Angst um mich."

Wir sprachen über den Abschnitt in Offenbarung 12, in dem es heißt, dass die Heiligen den Feind durch das Blut des Lammes besiegen. Sie fürchteten sich nicht – vor allem nicht vor dem Tod.

Also knieten John und ich uns hin und bekannten unsere Ängste vor Jesus. Wir überließen ihm die Kontrolle über unser Leben und auch den Zeitpunkt unseres Todes. Wir legten unsere Angst ab und schlossen unseren Frieden mit der Tatsache, dass unser Leben in Gottes Hand ist. Dieses Gebet war ein Wendepunkt für uns. Denn die Angst verlor ihren unbarmherzigen Griff um uns.

Das abzulegen, was wir beschützen möchten oder Angst haben zu verlieren oder fürchten, nie zu bekommen, ist nicht das Gleiche, wie diese Dinge tatsächlich zu verlieren. Es bedeutet, sie *loszulassen*. Es bedeutet, dass wir unsere verkrampften Fäuste öffnen und Gott an diese Dinge, die wir verzweifelt in ihnen festzuhalten versuchen, heranlassen.

Es bedeutet eigentlich, dass wir in diesen Dingen zu Gott und zu seinem Plan Ja sagen. Ja zu seinen Wegen. Es bedeutet zu glauben, dass sein Weg hinsichtlich der Dinge, die wir fürchten, höher ist als der Himmel über der Erde. Unser Gott ist ein Gott des Lebens und der Güte. Er ist der Gott der Auferstehung. Wir legen unsere Angst ab und bekommen dafür Jesus. Er ist der einzige Weg, um jenseits der Angst zu leben. Er ist der Weg.

Jesus, zeige mir, wovor ich mich fürchte. Bei welchen Dingen oder Personen vertraue ich dir nicht? Hilf mir, es mir vorzustellen und ihre Gesichter zu sehen. Herr, ich will dir vertrauen. Bitte hilf mir, dir meine anhaltende Angst zu geben. Komm zu mir, Jesus. Bitte hilf mir. Ich brauche dich. In deinem Namen. Amen.

Tag 50

Die Macht der Freundschaft

Wie man Eisen durch Eisen schleift, so schleift ein Mensch den Charakter eines anderen.

Sprüche 27,17

Keine Frau ist dazu bestimmt, ihr Leben ganz für sich allein zu leben. Wir brauchen andere Frauen, die uns auf unserem Weg weiterhelfen, uns unterstützen, uns herausfordern und uns auffordern, das zu tun, wozu wir bestimmt sind und diejenigen zu werden, die wir sein sollen.

Natürlich helfen Männer Frauen – wie auch Frauen den Männern – dabei, sich zu verändern und zu wachsen, aber wir Frauen geben einander Dinge, die uns Männer nicht geben können. Und niemand weiß besser, was es heißt, eine Frau zu sein, als eine andere Frau.

Eine Frau kann stark und auch zärtlich sein, kraftvoll und sanft. Sie kann kämpferisch sein und hat doch das Potenzial, gütig zu sein. Sie kann klug und manchmal doch albern sein, romantisch, zynisch, gnädig, verletzt, schön, töricht, fürsorglich, geheimnisvoll – sogar für sich selbst –, mutig, seltsam, verwundbar. Sie wurde jahrhundertelang niedergemacht und hat sich doch Generation für Generation wieder erhoben. Sie ist gefürchtet und furchtsam. Wenn eine Gruppe von Frauen das gleiche Ziel hat, dann wird eine große Kraft freigesetzt. Nationen werden geformt. Gerechtigkeit breitet sich aus. Und Gottes Reich wird hier auf Erden größer.

Manchmal mögen wir zwar versucht sein, uns mit einem Kreis von oberflächlich höflichen Frauenbeziehungen zu begnügen, aber das ist nicht sehr klug. Wir brauchen Frauen, mit denen wir ehrlich über das reden können, was in unserem Leben passiert. Wir brauchen Freundinnen, die uns die Wahrheit sagen. Wir brauchen Beziehungen zu Frauen in all ihrer

Vielfalt, aber vor allem brauchen wir ein paar gute *Freundinnen.*

Gott hat uns für Beziehungen geschaffen. Er hat uns geschaffen, damit wir einander weiterbringen und stärken. Tun Sie den Einfluss von Frauenfreundschaften also nie als unbedeutend ab. Sie haben das Potenzial, die Welt zu verändern.

Jesus, ich habe versucht, Teile von mir zu verstecken, sogar vor mir selbst. Bitte schau sie dir mit mir zusammen an ... und zeig mir, wie du mich siehst. Bitte bring andere in mein Leben, die mir helfen, die Wahrheit darüber zu erkennen, wer ich bin und wer du bist.

Tag 51

Freunde für immer

Viele sogenannte Freunde schaden dir nur, aber ein echter Freund steht mehr zu dir als ein Bruder.

Sprüche 18,24

Ich habe eine sehr gute Freundin, die in ihrer leidenschaftlichen Treue zu mir oft ihre Karten oder Mails mit „Für immer deine Freundin“ unterschreibt. Sie schreibt mir dies, obwohl sie weiß, dass ich mir nicht sicher bin, ob es so etwas wie eine Freundin fürs ganze Leben überhaupt noch gibt. Mein Herz ist vorsichtig geworden, und meine Freundin stemmt sich auf liebevolle, unnachgiebige Art mit ihren Bekenntnissen zu einer treuen Freundschaft immer wieder gegen diese Vorsicht. Angesichts ihrer Liebe wird mein Herz sanft. Angesichts ihres ständigen Angebots einer tragenden Beziehung heilt mein Herz. Ja, Freunde können uns manchmal tief verletzen. Aber Freunde können auch segnen – sehr sogar.

Manchmal sagt man von Freunden, sie seien „Jesus mit Haut und Haaren“. Sie sind Menschen, die unser Menschsein mit uns teilen und uns daran erinnern, dass Gott uns liebt. An diese Wahrheit müssen wir oft erinnert werden. Wenn wir auf uns selbst gestellt sind, vergessen wir sehr schnell all die Dinge, an die wir uns unbedingt erinnern sollten. Gemeinschaft und Freundschaft sind menschliche Bedürfnisse und sind für unsere Selbstfindung genauso wichtig wie die Luft für unsere Lungen und die Nahrung für unseren Körper.

Eine gute Freundin liebt Sie, wenn Sie fröhlich sind, genauso, wie wenn Sie traurig sind. Eine echte Freundin liebt Sie, wenn Sie freundlich sind, genauso, wie wenn Ihre Hormone verrücktspielen. Sie liebt vielleicht nicht das, was Sie tun, oder den Drachen, als der Sie gerade zur Höchstform auflaufen, aber sie liebt *Sie*. Sie kennt Ihr wahres Ich, und auch wenn Sie sich selbst etwas vormachen, wird eine Freundin Sie wachrütteln und dazu herausfordern, an sich zu arbeiten. Eine Freundin sieht, wer Sie sein könnten, und hilft Ihnen, zu Ihrem besseren Ich zu finden.

Freundschaft ist etwas Heiliges und natürlich kann sie auch im Chaos enden, denn Frauenfreundschaften sind nichts für schwache Nerven, aber sie sind es wert.

Jesus, du bist mein einzig wahrer „Freund für immer". Ich will mir diese Wahrheit jeden Tag vor Augen halten, damit ich meine irdischen Freunde mit freiem und gebendem Herzen lieben kann. Amen.

Tag 52

Zufriedenheit

Ich nenne euch nicht mehr Diener; denn einem Diener sagt der Herr nicht, was er vorhat. Ihr aber seid meine Freunde; denn ich habe euch alles anvertraut, was ich vom Vater gehört habe.

Johannes 15,15

Freundschaft ist dazu da, um uns Zuflucht vor der Einsamkeit und eine Verschnaufpause von unserer Selbstkritik und der Kritik einer ewig unzufriedenen Welt zu bieten. Sie ist ein Ort, an dem unsere Herzen sich nicht anstrengen müssen, um gehört, verstanden und akzeptiert zu werden. Freundschaft soll uns einen Vorgeschmack auf das geben, was kommt, wenn einmal unsere Seele im Himmel vollständig erkannt wird und zur Ruhe kommt.

Aber Freundschaft ist eben nur ein Vorgeschmack, denn ich habe festgestellt, dass die Menschen, die ich liebe und die auch mich von ganzem Herzen lieben, nicht in der Lage sind, meine unersättliche Seele dauerhaft zu füllen. Doch genau das hatte ich mir von ihnen gewünscht.

„Erfülle mich!“, habe ich geschrien. „Mach mich zufrieden!“

John hat versucht, mich zu erfüllen. Freunde haben versucht, mich zu erfüllen. Und was sie mir anboten, war fantastisch, aber es war nie genug.

Irgendwann habe ich gemerkt, dass ich ein Leck oder vielmehr einen Rohrbruch habe. Und weil mir bewusst wurde, wie kaputt ich war, versuchte ich, dieses Leck zu verstecken und andere Menschen dazu zu bringen, sich darum zu kümmern. Und was soll ich sagen, es hat nicht funktioniert. Stattdessen ist meine fordernde Art nach hinten losgegangen. Ich musste auf die harte Tour lernen – wie ich fast alles auf die harte Tour lernen musste –, dass Jesus der Einzige ist, der meine vielfältigen Bedürfnisse stillen kann, und diese wunderbare Wahrheit hat mich freigemacht.

Je mehr ich Jesus als meinen wichtigsten ewigen Freund erkenne, umso freier wird mein Herz, dieses wunderbare Geschenk der Freundschaft anderen anzubieten und ebenso von ihnen zu empfangen. Freundschaft und Gemeinschaft ist ein Geschenk, das jede von uns genießen und anderen anbieten sollte. Wir brauchen einander. Aber um immer wieder aufeinander zuzugehen und das offen anzunehmen, was andere uns geben, brauchen wir Jesus.

Gott, du hast das ganze Universum geschaffen,
und dennoch nennst du mich „Freundin". Ich
will dich noch besser als meinen besten Freund
kennenlernen – als den Freund, der immer für
mich da ist, der mich immer versteht und der mich
immer ganz und gar liebt.

Tag 53

Die vollkommene Liebe

Glücklich sind, die Barmherzigkeit üben,
denn sie werden Barmherzigkeit erfahren.
Matthäus 5,7

Wer von uns ist nicht schon mal von einem guten Freund im Stich gelassen worden? Wer von uns hat sich nicht zurückgezogen, weil sie verletzt wurde? Wer von uns hat nicht schon jemand anderen verletzt? Das haben wir alle.

Wir *alle*.

Wir brauchen Jesus. Wir brauchen Gnade. Wir brauchen Heilung. Wir sind nicht dazu gemacht, alleine durchs Leben zu gehen, und wir würden auch nicht weit kommen, wenn wir es versuchen würden. Den Luxus, darauf zu bestehen, nie wieder verletzt zu werden, gibt es für uns nicht. Es gibt eigentlich gar nichts, worauf wir bestehen können, außer vielleicht darauf, an Jesus dranzubleiben, egal was passiert.

Er ist da. Er wartet. Er hat Sie noch nie im Stich gelassen und wird es auch nie tun. Er ist die Quelle unserer wahren Identität. Er ist derjenige, an den wir uns zuerst wenden müssen, um mit Wahrheit, Annahme und Liebe erfüllt zu werden. Dann können wir unsere Herzen unseren Freunden schenken, ganz gleich, ob Sie vom Leben gebeutelt sind oder vor Freude übersprudeln, ohne zu verlangen, dass Ihre Freunde Sie füllen. Wir können uns selbst verschenken und für ihre guten Gaben offen sein. Aber wir müssen wachsam sein, um nahe bei Gott zu bleiben und jede Erfahrung, jedes Wort durch ihn zu prüfen. Er hat versprochen, Sie niemals zu verlassen oder im Stich zu lassen. Er ist derselbe, gestern, heute und in Ewigkeit. Er ist die vollkommene Liebe und er liebt Sie ohne Wenn und Aber. Gott wird Sie niemals verlassen.

Jesus, ich bringe dir jetzt meine Erinnerungen an verletzende Worte, Gelegenheiten, bei denen ich von einer Freundin im Stich gelassen, ignoriert oder vernachlässigt wurde. Ich bringe dir jetzt auch die Gelegenheiten, bei denen ich verletzende Worte gesagt, jemanden im Stich gelassen, ignoriert oder vernachlässigt habe. Erlöse meine Freundschaften. Wir brauchen deine Gnade. Amen.

Tag 54

Loslassen

Jedes Ereignis, alles auf der Welt hat seine Zeit.

Prediger 3,1

Für mich war es eine Offenbarung, als mir klar wurde, dass nicht jede Freundschaft in unserem Leben dazu bestimmt ist, bis an unser Lebensende zu halten. Freundschaften ändern sich. Menschen verändern sich. Sie verändern sich und das sollten Sie auch.

Vor einigen Jahren wurde mir klar, dass ich an einer ganz bestimmten Freundschaft krampfhaft festhielt, statt den Griff etwas zu lockern. Wir waren seit vielen Jahren befreundet und ich war davon ausgegangen, dass wir auch für den Rest unseres Lebens Freundinnen sein würden. Leider ignorierte ich die Anzeichen der Veränderung. Diese Freundin hatte sich schon seit einiger Zeit immer mehr von mir entfernt, aber ich weigerte mich, das zu erkennen. Ich wollte das, was *ich* wollte. Ich fand sie fantastisch. Sie musste doch sicher auch genauso über mich denken.

Irgendwann verwandelte sich mein Wunsch nach Freundschaft in eine Forderung, und das ist der Tod im Topf. Schließlich erkannte ich, dass ich meinen Griff lockern und meine Freundin in Liebe gehen lassen musste. Und ich musste Jesus in die Bereiche meines Herzens lassen, die sich zu erkennen geweigert hatten, dass es Zeit war, sie loszulassen.

Drängeln, fordern, verweigern sind nicht die Verhaltensweisen, die uns zu dem Leben führen, das Jesus uns schenken möchte.

Loslassen, hingeben und Freiheit annehmen sind die Verhaltensweisen, zu denen Jesus uns auffordert. Das sind die Erkennungszeichen einer liebevollen Freundschaft – einer Freundschaft, in der man auch manchmal loslassen muss.

Gibt es derzeit irgendwelche Beziehungen in Ihrem Leben, bei denen Sie Ihren Griff etwas lockern sollten?

Tag 55

Unsere größten Unterstützer

Wenn du mit vernünftigen Menschen
Umgang pflegst, wirst du selbst vernünftig.
Sprüche 13,20

Viele Menschen, auch Frauen, unterschätzen die Nähe, die Frauen in einer Freundschaft erleben können. Deshalb kann es sehr schmerzhaft sein, eine enge Freundin loszulassen, oder schlimmer noch, von ihr losgelassen zu werden.

Ich erinnere mich nur zu gut daran, wie ich schluchzend in den Armen einer guten Freundin lag, als unsere noch junge Familie ans andere Ende des Landes zog. Es war, als würde man mir das Herz rausreißen.

Wie schwierig ist es, wenn eine Freundschaft wegen einer Verletzung, Missverständnissen, Wut, oder weil man im Stich gelassen wird, endet. Wie brennend ist der Schmerz, wenn Gott Sie auffordert, eine kostbare Freundschaft hinter sich zu lassen, weil die Liebe und das Verständnis füreinander aus dieser Beziehung gewichen sind.

Manchmal endet eine Freundschaft einfach nur, weil sich die Wege nicht mehr kreuzen. Gemeinden spalten sich. Kleingruppen lösen sich auf. Die Kinder gehen in eine andere Schule. Das Fitnessstudio schließt. Menschen ziehen um. Man wechselt die Arbeitsstelle. Die ganz natürliche Art, wie wir uns als Freunde begegnen, wird uns entzogen, und es braucht enorme Anstrengung auf beiden Seiten, um die Freundschaft den veränderten Bedingungen anzupassen und sie zu erhalten. Es kann sein, dass sie noch weiter Bestand hat, es kann aber auch sein, dass das nicht der Fall ist. Manche Freunde sind es wert, dass wir um sie kämpfen, andere sollten wir besser loslassen.

Es ist wichtig, dass wir uns während unseres ganzen Lebens verändern und entwickeln, deshalb ist es notwendig, dass wir uns mit Menschen umgeben, die sich mit uns über das freuen, was aus uns *geworden* ist. Unsere wahren Freunde sind diejenigen, die uns am meisten anfeuern und uns ermutigen, immer mehr zu dem Menschen zu werden, den Gott in uns schaffen möchte.

Danke, Gott, für die Menschen, die mich ermutigen, dir treu zu bleiben.

Tag 56

Neid und Eifersucht

Wer gelassen und ausgeglichen ist, lebt gesund. Doch der Eifersüchtige wird von seinen Gefühlen zerfressen.

Sprüche 14,30

Eine Freundin in schweren Zeiten zu begleiten, erfordert von uns viel Fingerspitzengefühl und Weisheit. Aber es ist eigentlich noch viel schwerer, eine Freundin in erfolgreichen Zeiten zu begleiten.

So einen Urlaub konnten wir noch nie machen. Ich wünschte, ich hätte auch die Möglichkeit, solche Reisen zu machen. Ihr neues Sofa ist wunderbar. Ich wünschte, ich hätte auch ein neues Sofa.

Achtung! Neid und Eifersucht in einer Freundschaft sind deren Tod. Gott will nicht, dass wir neidisch sind auf das, was unsere Freunde bekommen oder erreichen. Wir sollen uns mit ihnen freuen. Für unsere Freunde wollen wir immer nur das Beste.

Ich weiß, dass das herausfordernd ist, jedenfalls für mich. Menschen durch Kampf und Erfolg hindurch zu lieben, fordert viel von uns. Gott arbeitet ständig an uns. Er sortiert aus und formt, reinigt und läutert, was in unseren Herzen ist. Die Beziehung zu einem anderen Menschen aufrechtzuerhalten setzt voraus, dass wir die Beziehung zu Gott aufrechterhalten. Nur mit ihm kommen wir durch Eifersüchteleien, die ihr hässliches Gesicht zeigen, oder durch Ärgernisse, die unsere verwundbaren Herzen verletzen, hindurch.

Unsere Entwicklung findet zum großen Teil durch die heiligende Wirkung von Beziehungen statt. Aber nicht, weil Freundschaften immer nur ein geschützter Raum sind. Bäume werden stark, weil sie dem Wind ausgesetzt sind. Dürre zwingt sie, tiefe Wurzeln zu entwickeln. Es gibt nichts auf der Welt, was so sehr hilft, uns zu besseren Menschen zu machen, wie Freundschaften. Wenn sich die zerbrechliche Seite unserer Menschlichkeit auf eine Art zeigt, die uns und anderen nicht gefällt, sollten wir das unbedingt zu Gott bringen und ihn um Vergebung bitten. Wir sollten ihn bitten, uns mit seinem Leben zu füllen und seine Liebe durch uns fließen zu lassen. Das bedeutet, dass „Christus in mir, seine Liebe durch mich" zu unserem regelmäßigen Gebet wird. Alles läuft auf Jesus hinaus.

Jesus, das fällt mir schwer ... Ich möchte meinen Freundeskreis mit Bedacht wählen und an den Beziehungen festhalten und in schweren Zeiten daran wachsen. Bitte hilf mir, die Freundin zu sein, die du haben möchtest. In Jesu Namen. Amen.

Tag 57

Beste Freunde für immer?

Seid in herzlicher Liebe miteinander verbunden, gegenseitige Achtung soll euer Zusammenleben bestimmen.

Römer 12,10

Jahrelang dachte ich, dass eine allerbeste Freundin eine Frau wäre, die mich immer versteht und genau die gleichen Dinge mag wie ich. Wenn ich ins Kino gehen will, würde sie auch ins Kino gehen wollen, und sie würde die gleiche Fernsehshow sehen wollen wie ich. Sie würde Jesus leidenschaftlich lieben, ihn über alles andere stellen, und mich immer wieder zu ihm zurückführen. Ich würde natürlich das Gleiche auch für sie tun. Sie würde mich für unglaublich toll und klug halten und finden, dass meine Stimmungsschwankungen gerechtfertigt sind. Sie wäre immer für mich da und würde mich ermutigen und Mitgefühl haben. Sie würde die gleiche Partei wählen, meine Witze immer verstehen und ins gleiche Restaurant gehen wollen wie ich. Und sie wäre natürlich nie durch mein Versagen verletzt.

Peinlich, oder?

In Wahrheit habe ich jede Menge unglaublicher Freundinnen. Und ich lerne zu verstehen, dass jede dieser sehr unterschiedlich begabten Frauen etwas einzigartig Wertvolles zu bieten hat, das die anderen nicht haben. Unsere Unterschiedlichkeit bereichert mein Leben! Gott erfüllt mein Bedürfnis nach einer solchen Freundschaft – nur eben nicht mit nur einer Frau. Manche Frauen sind mit einer einzigen besten Freundin gesegnet, aber die meisten Frauen sind das nicht. Die meisten von uns haben mehrere Freundinnen, die uns alle etwas geben, das wir brauchen, und wir geben ihnen etwas, das sie brauchen. Die Bedürfnisse unseres Herzens werden durch das, was einige zu geben haben, auf vielfältige Weise erfüllt. Ich glaube nicht, dass irgendein Mensch in der Lage wäre, der oder die eine Einzige für jemanden zu sein. Nur Gott kann der eine Einzige für uns sein.

Gott versteht uns immer. Er ist jeden Augenblick für uns da. Menschen können das nicht. Sie haben ihr eigenes Leben, eigene Termine und eine Unmenge von Menschen, die an ihnen zerren. Das macht sie normal, und sie können für uns nicht Gewehr bei Fuß stehen. Jesus nennt uns seine Freunde. Wenn wir ihn doch nur noch besser kennen würden. Ich will ihn als meinen König und meinen Gott und meinen Freund kennen, der sich durch und durch an mir freut, mich ganz und gar annimmt und mich bedingungslos liebt. Denn das tut er.

Jesus, du wirst mich nie verlassen oder im Stich lassen. Du verstehst mich und alles, was ich durchmache. Du willst Zeit mit mir verbringen. Hilf mir, daran zu arbeiten, dich als meinen allerbesten Freund immer mehr kennenzulernen. Ich brauche dich. Ich hätte aber auch gerne enge Freundinnen. Bitte zeige sie mir. Und hilf mir, eine gute Freundin für andere zu sein. Danke, Herr. Ich liebe dich. In deinem Namen bete ich.

Tag 58

Mal ehrlich

Lasst uns aber die Wahrheit reden in Liebe und in allem hinwachsen zu ihm, der das Haupt ist, Christus.

Epheser 4,15 (ELB)

Die Bibel ermahnt uns, die Wahrheit in Liebe zu sagen. Das heißt, wir sollen die Wahrheit nicht wütend oder grollend sagen, um andere zu verletzen. Wir müssen unsere Motive dahinter gründlich prüfen und uns bewusst machen, warum wir etwas sagen wollen. Und wir sollten sicher sein, dass wir die Wahrheit sagen wollen, um andere zu lieben und zu segnen.

Die Bibel ermahnt uns nicht dazu, einfach alles zu sagen, was wahr ist. In unserer Kultur der Ehrlichkeit fühlen wir uns vielleicht manchmal genötigt, unserem Mann oder einer guten Freundin alles zu erzählen, auch die negativen Dinge. Wir wollen ja schließlich ehrlich sein. Wir haben doch keine Geheimnisse voreinander. Falsch. Wenn man jedes Wort und jedes Gefühl, das einem gerade durch den Kopf geht, weitererzählt, richtet das in einer Beziehung großes Unheil an.

Keine Freundschaft und keine Ehe kann die Last jeder Kleinigkeit tragen. Das kann nur Jesus. Er kennt uns. Ihn können wir nicht schockieren. Wir werden ihm nicht zu viel. Wenn wir einer Freundin oder unserem Mann alles erzählen in dem Wunsch, dass nichts zwischen uns stehen soll, kann das die Person und die Beziehung überfordern. Keine Beziehung, weder Freundschaft noch Ehe, kann die Last absoluter Ehrlichkeit ertragen. Beziehungen sind nicht dazu da, dass wir alle negativen Gedanken, Überzeugungen oder Gefühle dort abladen.

Die anderen müssen nicht alles wissen. Wenn wir mit negativen Gefühlen kämpfen, dann bringen wir sie zu Jesus und vielleicht noch zu einem Seelsorger, einem Pastor, unserem Ehepartner oder einem anderen vertrauenswürdigen Freund. Und wenn wir die negativen, trennenden Gefühle hinter uns haben, dann zerren wir sie nicht wieder hervor und laden sie bei demjenigen ab, mit dem wir jetzt endlich klarkommen. Wir können im Namen der Ehrlichkeit einander viel Schaden zufügen.

Als Frauen, die in die Person hineinwachsen, als die Gott sie erschaffen hat, sagen wir nur dort die Wahrheit, wo Gott es uns aufs Herz legt, und das in Liebe und nur wenn er will, dass wir reden.

Jesus, du bist mein bester Freund. Bei dir kann ich absolut ehrlich sein. Du liebst mich ganz und gar. Was können wir beide heute tun, um unsere Freundschaft zu genießen? Ich will wirklich deine Stimme hören.

Tag 59

Lass los

Liebe […] ist nicht nachtragend.

1. Korinther 13,5

Allzu oft haben wir eine innere Liste von allen Verletzungen, die uns in unserer Ehe oder unseren Freundschaften zugefügt wurden. Wir sagen zwar, dass wir denjenigen, die uns verletzt haben, vergeben – und vielleicht glauben wir das sogar –, aber wenn wir erneut verletzt werden, dann spüren wir eine krankhafte Befriedigung und fühlen uns bestätigt.

Das Wort, das die Bibel für „Verfehlungen" oder „Fehler" benutzt kann auch mit „Köder" übersetzt werden, wie der Köder, den man in eine Falle legt, um ein Tier in den Tod zu locken. Wenn wir also an unseren Verletzungen festhalten, haben wir den Köder geschluckt. Wir sitzen in der Falle.

Wenn aber Verletzungen nicht vergeben werden, vergiften sie eine Beziehung und letztlich auch unsere eigene Seele.

Als Jesus für uns starb, hat er alle unsere Verfehlungen und die aller anderen auf sich genommen. Alles, was er erlitt – die Schläge, die Peitschenhiebe, den Spott und schließlich die Kreuzigung –, war mehr als genug, um für unsere Verfehlungen und auch die der anderen zu zahlen.

Als vor einigen Jahren mein seelisches Gleichgewicht ins Wanken kam, weil mich jemand sehr verletzt hatte, kam eine ganz böse Seite in mir hoch, und auch wenn es hässlich war, musste ich mir eingestehen, dass ich dieser Person wünschte, dass sie genauso litt wie ich. Sobald ich diesen Gedanken gedacht hatte, hatte ich sofort ein Bild vom leidenden Jesus im Kopf und der Heilige Geist fragte mich: „Ist das genug Leid?"

Ja. Ja, es ist genug. Es ist nur allzu menschlich, wenn wir manchmal das Gefühl haben, der andere müsse, um der

Gerechtigkeit zu genügen, für seine Fehler bezahlen. Nun ja, Jesus hat das getan. Es ist alles bezahlt.

Es ist wichtig, dass wir uns mit Gottes Hilfe für die Vergebung entscheiden. Lassen Sie los. Lassen Sie die anderen los. Kommen Sie aus der Falle heraus.

Lieber Gott, ich vergebe allen, die mich verletzt haben, und ich segne sie in Jesu Namen. Ich bete, dass mehr von dir zu ihnen fließt. Und ich vergebe mir selbst, wo ich andere verletzt habe. Bitte erfülle mich mit deinem Geist und lebe und liebe durch mich, damit ich eine Frau nach deinem Herzen werde, die andere liebt. In Jesu Namen. Amen.

Tag 60

Der Welt gestorben

Ich aber kenne nur einen Grund zum Rühmen: das Kreuz unseres Herrn Jesus Christus. Weil er starb, starb auch diese Welt für mich, und ich bin tot für ihre Ansprüche und Forderungen.
Galater 6,14

Das Kreuz verändert jede Beziehung – sogar Familienbeziehungen. Jesus sagt: „Wer seinen Vater oder seine Mutter, seinen Sohn oder seine Tochter mehr liebt als mich, der ist es nicht wert, mein Jünger zu sein. Und wer nicht bereit ist, sein Kreuz auf sich zu nehmen und mir nachzufolgen, der kann nicht zu mir gehören" (Matthäus 10,37-38).

Weil alle Beziehungen dem Gesetz Christi unterliegen, können wir auf gottesfürchtige und gesunde Weise sagen: „Ich bin der Welt gestorben, und die Welt ist mir gestorben. Ich bin meiner Mutter, meiner Schwester, meinen Freunden und meinen Feinden gestorben und sie sind mir gestorben." Die einzige Bindung, von der die Bibel sagt, dass wir sie aufrechterhalten sollen, ist das Band der Liebe durch den Heiligen Geist. Für alle anderen wird es Zeit, sie zu brechen. Sie glauben gar nicht, wie frei und gut Sie sich dann fühlen!

Dabei ist es ganz wichtig, dass das Lösen einer seelischen Bindung zu einer Person nicht das Gleiche ist, wie diese Person *zurückzuweisen*. Vielmehr ist es eine *liebevolle* Tat. Sie wollen nicht, dass diese Person an Ihnen klebt, und Sie sollten auch nicht an ihr kleben. Sie wollen nicht, dass sie Sie kontrolliert, und Sie sollten sie auch nicht kontrollieren. Sie wollen ganz sicher nicht im Streit mit ihr liegen und sie auch nicht mit Ihnen.

Das nachfolgende einfache Gebet kann Ihnen helfen, falsche Bindungen zu brechen.

Durch Jesu Kreuz löse ich jetzt in seinem Namen alle seelischen Bindungen zu ____________________. Ich bin ihr gestorben und sie ist mir gestorben. Ich bringe das Kreuz Christi zwischen uns. Jesus, ich übergebe dir ____________________. Ich vertraue sie dir an. Segne sie, Herr! In Jesu Namen. Amen.

Tag 61

Schätze

Alles, was Gott uns gibt, ist gut und vollkommen. Er, der Vater des Lichts, ändert sich nicht; niemals wechseln bei ihm Licht und Finsternis.
Jakobus 1,17

Ich habe Gott um Freunde gebeten. Ich habe nach Freunden gesucht und bin ihnen nachgegangen. Manchmal habe ich sie mir sehnsüchtig gewünscht. Aber die besten Freunde sind völlig überraschend gekommen und waren eine unerwartete Antwort auf Gebete, die ich schon wieder vergessen hatte. Freunde sind ein Geschenk direkt von Gottes Herz an unseres, und keiner findet besser für uns das perfekte Geschenk als Gott.

Diese Schätze begegnen uns auf alle möglichen Weisen. Eine Freundin habe ich kennengelernt, als unsere Kinder auf dem Spielplatz waren und ich ihr half, den Sandkasten umzugraben, um das verlorene Lieblingsspielzeug ihres Sohnes zu finden. Eine andere Freundin saß eines Morgens neben mir im Gottesdienst. Wir hatten beide unsere kleinen Söhne im Arm und zögerten, sie in die Krabbelgruppe zu geben. Eine andere Freundin lernte ich auf einer Feier kennen, und sie lud mich dann schüchtern zum Kaffee ein.

Neulich habe ich mich unheimlich über einen Anruf von einer guten Freundin auf dem Anrufbeantworter gefreut, die mir keine Nachricht hinterlassen, sondern auf Band gesungen hatte: „I just called to say ‚I love you' …" (Ich wollte nur anrufen, um dir zu sagen, dass ich dich liebe – Song von Stevie Wonder). Durch den Klang ihrer fröhlichen Stimme wurde ich ermutigt und mein betrübtes Herz wurde wieder leichter.

Freundinnen sind wie Juwelen, um die man bitten und die man hüten muss. Sie tauschen gegenseitig Kleider aus, Rezepte, Mut, Ideen, Glaube und Hoffnung. Wie gut ist es, geliebt, gesehen und ermutigt zu werden, das eigene Lebenslied zu singen und sein wahres Herz zu zeigen.

Der tiefste Wunsch in jedem Menschenherzen ist, geliebt zu werden. Trotz unserer Macken und unseres Versagens, geliebt zu werden ist ein Vorgeschmack auf den Himmel. Im Himmel werden wir völlig in das Ebenbild Christi verwandelt und werden ihn sehen, wie er wirklich ist. Und dann werden auch wir endlich ganz die sein, die wir wirklich sind. Gott kennt uns in- und auswendig – jetzt. Im Himmel werden *wir* ihn kennen. Und wir werden andere ganz und gar kennen und sie werden uns kennen. Wir werden uns nicht nur kennen, sondern uns aneinander freuen, umarmen, verstehen, feiern, lieben. Was für eine Vorstellung. Und was für ein außergewöhnliches Geschenk ist es, sich in diesem Leben zu kennen und sich aneinander zu freuen. Dazu ist Freundschaft da.

Danke, Gott, für Freundschaften. Du wusstest, dass wir tiefe Freundschaften brauchen, um dich besser zu kennen. Du wusstest, dass ich andere Frauen in meinem Leben brauche. Danke, dass du mir auf diese Art deine Liebe zeigst.

Tag 62

Das Fenster der Gnade

Lasst den Mut nicht sinken, denn die Freude am Herrn gibt euch Kraft!

Nehemia 8,10

Ich hatte im und ums Haus zu tun und fuhr hierhin und dorthin, um alle möglichen Dinge zu erledigen. Ich war müde und gar nicht glücklich darüber. Mitten in meiner To-do-Liste rief ich meine Freundin Rosetta an, um Hallo zu sagen und auch, um ein bisschen zu jammern. Aber sie ließ mich nicht – nicht das geringste bisschen. Stattdessen machte sie mir ganz liebevoll einige Dinge bewusst.

Sie sagte: „Es ist wunderbar, dass du aus dem Haus kommst! Wie schön, dass du so ein erfülltes Leben hast! Wie schön es doch ist, hierhin und dorthin laufen zu können!"

Rosetta rannte nicht herum, um Dinge zu erledigen. Sie rannte überhaupt nicht herum. Sie konnte nicht rennen. Sie konnte noch nicht mal laufen. Rosetta saß im Rollstuhl und kam nicht viel raus. Aber sie strahlte so viel Leben aus, dass ich gestehen muss, dass ich das manchmal vergaß.

Ihre Worte – diese Worte einer Freundin, die mich kannte und liebte – brachten meine damalige Situation in eine ganz neue Perspektive und öffneten mir die Augen. Das tun Freundinnen füreinander.

Rosetta hat viele Tage damit verbracht, aus dem Fenster ihrer winzigen Wohnung zu schauen und dem Treiben der anderen zuzusehen, die körperlich gewandter waren als sie. Dabei sah sie die Welt durch ein Fenster der Gnade, und sie forderte mich auf, mein Leben ebenfalls so zu sehen. In ihrer Gesellschaft kamen meine Prioritäten wieder in die richtige Reihenfolge. Sie zeigte mir, dass die Liebe die Dinge mit dankbarem Herzen sieht. Die einfachen Momente, die auch ich oft für selbstverständlich halte, sind die Perlen, die ein schönes Leben ausmachen und es zusammenhalten, aber eben nur, wenn sie mit Dankbarkeit aufgefädelt, durch Gnade zusammengehalten und mit offenen Händen geteilt werden.

Rosetta rennt jetzt auch. Sie ist frei und geheilt und glücklich, weil sie den Einen, der ihr Herz erobert hat, jetzt von Angesicht zu Angesicht sieht. Ich werde sie immer vermissen, obwohl ich weiß, dass ich sie schon bald wiedersehen werde. Im Moment bete ich, dass ich mein Leben auch weiterhin durch dieses Fenster der Gnade sehen und andere dazu auffordern kann, ihr eigenes Leben auch so zu sehen.

Gott, es ist unglaublich, was du mir durch die
Worte und das Leben anderer Frauen beibringst.
Ich will diese Wahrheiten aufnehmen und will mit
offenen Händen der Gnade leben.

Tag 63

Fluten

In der Welt werdet ihr hart bedrängt …

Johannes 16,33

2011 trat im westlichen Colorado der Fluss Yampa über die Ufer, wodurch in dem Ort, Steamboat Springs, Parks und Parkplätze überschwemmt wurden. Als sich das Wasser den Vorgärten und Häusern näherte, stapelten die Bewohner Sandsäcke auf, aber davon ließ der Fluss sich nicht hindern, weiter in den Ort zu strömen. Irgendwann, nach der Schneeschmelze, ging die Flut aber dann doch wieder zurück.

Der Fluss bahnt sich seinen Weg, ob wir es wollen oder nicht. Auch in diesem Winter ließen die Schneemassen überall in den westlichen Bundesstaaten der USA die Flüsse über die Ufer treten. Doch abgesehen von den Überflutungen führte dies dazu, dass im Frühling überall unzählige Wildblumen blühten. Es sah *unbeschreiblich schön* aus. Lila Rittersporn und gelber Spitzwegerich bedeckten die Hügel wie ein Teppich. Eine Fülle von Blumen – rot, lila, blau, weiß, gelb – machten die Welt atemberaubend schön.

Der Preis dafür wurde mit Sandsäcken bezahlt.

Mitten im Leid scheint es manchmal unmöglich, die Schönheit hinter allem zu erkennen. Ja, der Frühling kommt nach dem Winter. Tulpen blühen erst, wenn sie den Frost überlebt haben. Schönheit kommt aus der Asche. Aber man muss sich schon fest vornehmen, daran zu glauben, wenn man mitten im Leid steckt.

Über Jahrtausende hinweg hat das Wasser sich in den Grand Canyon gegraben – eines der schönsten Naturwunder der Welt. Auch die Linien in meinem Gesicht wurden eingegraben. Meine Seele wird geformt. Es sind Kräfte am Werk, die mich formen – mein Leben, meine Ansichten und meine Überzeugungen – und mich polieren, schleifen und verändern. Das ist manchmal schmerzhaft, aber was ist das Ergebnis? Wie viel Gnade ist es, wenn wir das Ergebnis als schön erkennen – wenn wir unser Leben, unseren Körper, unser Gesicht und unsere Seele, die durch die Zeit, unsere Entscheidungen und die Hand unseres unnachgiebigen, leidenschaftlichen, liebenden Gottes geformt werden, als wunderschönes Ebenbild Gottes erkennen.

Der Regen hat einen Sinn. Sogar Überschwemmungen. Sogar Leid.

Jesus, ich rufe zu dir und du rettest mich. Du rettest mich aus den Fluten, aus dem steigenden Wasser. Du bringst aus meinem Leid Leben und Farbe und Schönheit hervor. Ich lobe dich, dass du meinem Leid einen Sinn gibst! Amen.

Tag 64

Der wahre Sieg

Meine lieben Freunde! Wundert euch nicht über die heftigen Anfeindungen, die ihr jetzt erfahrt. Sie sollen euren Glauben prüfen und sind nichts Außergewöhnliches.

1. Petrus 4,12

Petrus sagt, wir sollen uns nicht vom Schmerz überraschen lassen. Aber wir werden überrascht, nicht wahr? Wir fragen uns, was wir falsch gemacht haben oder ob wir Gott falsch verstehen. Leid zeigt uns schnell, was wir wirklich über Gott glauben. Wie ist er wirklich? Ist er gemein? Ist er hart? Ist er sauer auf uns? Ist es ihm egal? Sieht er uns nicht? Sind wir ihm durch irgendeine Ritze im Universum entglitten?

Ich bin mit einer meiner Freundinnen zur Mammografie gegangen. Sie hat vorgeschlagen, zusammen zu gehen, damit wir auch *tatsächlich* gehen. Und wenn wir es hinter uns hätten, wollten wir zur Feier des Tages noch Essen gehen, was wir dann auch taten.

Als ich sie eine Woche später wiedersah, fragte ich: „Hast du einen negativen Befund bekommen?" Das hatte sie nicht. Sie hatte einen Anruf erhalten, eine weitere Mammografie und eine Gewebeentnahme über sich ergehen lassen und schließlich den Kampf ums Überleben antreten müssen. Bei mir war alles normal gewesen und bei ihr stellte man Brustkrebs im fortgeschrittenen Stadium fest.

Es fühlte sich an, als hätte man zwei Zettel mit unseren Namen darauf in einen Hut gelegt, und diesmal war ihr Name gezogen worden.

Das Erste, was leidvolle Prüfungen bewirken wollen, ist, dass sie uns von Gott trennen wollen. Aber von Gott getrennt zu werden, ist das Schlimmste, was uns passieren kann, viel schlimmer noch als die Prüfung selbst.

Wie sehen Sie Ihr Leben? Warum hat es sich so anders entwickelt, als Sie es sich vorgestellt haben? Was machen Sie jetzt mit dieser Willkür?

Ich habe die Antworten auf all diese Fragen jedenfalls noch nicht gefunden. Ich weiß, dass das Christsein kein Versprechen für ein Leben ohne Leid ist, und es ist auch keine Abkürzung aus dem Leid heraus. Es ist das Versprechen, dass Schmerz, Sorgen, Sünde – unsere eigene und die anderer – uns nicht verschlingen, zerstören, festlegen oder das letzte Wort haben werden. Jesus hat den Sieg errungen und in ihm haben auch wir den Sieg.

Jesus, hilf mir, dir heute zu glauben und mein
Vertrauen auf deinen Sieg zu setzen und nicht auf
meine Fähigkeit, dem Leid aus dem Weg zu gehen.
Das kann ich nicht. Aber auch mitten im Leid
bekenne ich, dass du mehr als genug für mich bist.
In deinem Namen bete ich.

Tag 65

Weit weg vom Paradies

Niemand, der in Versuchung gerät, kann behaupten: „Diese Versuchung kommt von Gott." Denn Gott kann nicht vom Bösen verführt werden, und er verführt auch niemanden zum Bösen. Es sind vielmehr unsere eigenen selbstsüchtigen Wünsche, die uns immer wieder zum Bösen verlocken. Geben wir ihnen nach, dann haben wir das Böse empfangen und bringen die Sünde zur Welt. Sie aber führt unweigerlich zum Tod.

Jakobus 1,13-15

Vor Kurzem ging in unserer Gegend eine schlimme Grippewelle um. Sie traf meine Familie schwer, aber eine Freundin von mir traf sie noch schlimmer. Als ich mich eines Tages mit ihr unterhielt, gestand sie: „Ich wünschte, ich könnte verstehen, was Gott mir damit beibringen will, damit ich diese Grippe endlich hinter mich bekomme."

Was vermutete sie in Bezug auf Gott? Sie nahm an, dass die Krankheit von ihm kam. Das stimmt einfach nicht. Unser gegenwärtiger Wohnsitz ist weit weg vom Paradies. Wir leben in einer gefallenen Welt mit kaputten Menschen, und auch wir sind noch lange nicht so, wie wir sein sollten.

Krankheit ist keine Strafe von Gott. Er wartet nicht, bis meine Freundin irgendeine tiefe Wahrheit über sich selbst verstanden hat oder wegen einer verborgenen Sünde Buße getan hat, bis er sie heilt. Er hält sie nicht hin, bis sie schließlich die Kurve kriegt, um sie dann zu segnen. Er ist kein gemeiner Gott, sondern ein liebender Gott voller Gnade und Barmherzigkeit. Seine Güte bringt uns zur Buße, nicht seine Grausamkeit. Gott gebraucht schmerzhafte Prüfungen, auch eine Grippe, um an uns zu arbeiten, aber er verursacht sie nicht.

Manchen von uns wurde beigebracht, dass Gott die Ursache hinter allem ist. Demnach müssen sie schwer schlucken und glauben, dass Gott dafür gesorgt hat, dass Sie sexuell missbraucht wurden, dass Ihre Mutter früh starb, dass Ihr Kind den Glauben aufgegeben hat.

Das ist ein schreckliches Gottesbild und eine absolute *Irrlehre*. Jakobus sagt ganz deutlich, dass Gott niemanden zur

Sünde verführt. Aber die Menschen werden jeden Tag versucht. Es passieren also jeden Tag Dinge, hinter denen *nicht* Gott steckt. Gott bringt niemanden dazu zu sündigen, aber die Menschen sündigen jeden Tag, und *diese Sünden haben schlimme Konsequenzen*.

Doch *nicht* Gott ist der Verursacher. Erkennen Sie, wie ganz anders wir dadurch Gottes Gedanken über uns wahrnehmen?

Jesus, ich kämpfe heute. Ich weiß, dass du das Leid, das ich gerade erlebe, nicht verursacht hast, aber ich bitte dich, bleib bei mir in diesem Schmerz. Hilf mir zu erkennen, was ich daraus über deine Liebe zu mir und deine Berufung für mein Leben lernen kann. In Jesu Namen.

Tag 66

Die Tür des Leides

Denn wenn sie in Bedrängnis waren,
litt auch er.
Jesaja 63,9

Seitdem Adam und Eva gesündigt haben, ist diese Welt sehr, sehr kaputt. Gott hat zwar diesen Zerbruch nicht verursacht, aber er kann unser Leid benutzen, um uns zu formen. Deshalb ist es wichtig, dass wir Jesus fragen, wie er die Dinge sieht, die wir durchmachen. Unsere Sicht der Ereignisse wird alles beeinflussen, was danach kommt. Sie wird unsere Gefühle, unsere Perspektive und unsere Entscheidungen prägen.

Ich habe gelernt, dass wir, wenn es um Leid geht, entweder versuchen können zu verstehen oder Jesus zu finden. Wenn Sie darauf bestehen zu verstehen, verlieren Sie meist sowohl Ihr Verständnis als auch Ihren Glauben.

Wenn Leid in Ihr Leben kommt, bitten Sie zuerst Jesus hinein in dieses Leid und beten Sie: „Jesus, halte mein Herz fest."

Wenn Sie schmerzhafte Prüfungen erleben, müssen Sie unbedingt Gott fragen, was los ist. Bitten Sie ihn, es Ihnen zu erklären. Aber ganz gleich, ob Sie Verständnis finden oder nicht, laden Sie Jesus ein. Bitten Sie Jesus immer wieder in Ihren Schmerz hinein. Bitten Sie Jesus, in die Bereiche Ihres Herzens zu kommen, die durch das Leid hervortreten, seien es schmerzhafte Erinnerungen, Unglaube oder Selbstverachtung. Beten Sie: „Bitte komm hierher zu mir, Jesus, ich brauche dich."

Leid kann die Tür sein, durch die Sie zu einer tieferen Beziehung mit Jesus kommen. Wenn wir es zulassen, kann Leid das bewirken. Es ist zwar nicht die Tür, die wir uns aussuchen würden, aber wenn wir hindurchgehen, werden wir es nie bereuen.

In welcher Situation müssen Sie beten:
„Jesus, halte mein Herz fest“?

Tag 67

Begleitet von Leid

Ich lasse dich nicht im Stich, nie wende ich mich von dir ab.

Hebräer 13,5

Lassen Sie die heiligende Wirkung des Leides zu. Gott wirkt in allen Dingen zu unserem Besten. Er benutzt Leid, um unsere falschen Glaubensüberzeugungen in Bezug auf unser und sein Herz bloßzulegen. Er benutzt es, um auf Punkte in unserem Leben hinzuweisen, an denen wir früher einmal verletzt wurden, oder um uns unsere Gebrochenheit zu zeigen, damit er uns heil machen kann. Er wird das Leid benutzen, um uns Jesu Treue, Güte und unendliche Liebe zu zeigen.

Sie sehen also, dass mehr dahintersteckt, als man auf den ersten Blick erkennt. Es tobt ein Kampf um das menschliche Herz. Werden wir Gott lieben und uns entschließen, angesichts der ungeheuren Zerrissenheit dieser Welt, der Güte seines Herzens zu vertrauen? Werden wir angesichts der ungeheuren Gebrochenheit dieser Welt an unserer Überzeugung festhalten, dass Gott es wert ist, angebetet und gelobt zu werden?

Wir dürfen sicher sein, dass Gott mit uns leidet, wenn wir in Not sind. Jesus kennt ein gebrochenes Herz, Verrat, Verlassenwerden, Einsamkeit, Sorge und Schmerz. Er ist mit Kummer vertraut. Er sorgt sich um uns. Er sorgt für Sie.

In Hebräer 13 verspricht uns Gott, dass er uns nie im Stich lassen oder sich von uns abwenden wird. Der griechische Originaltext ist schwer zu übersetzen, weil er das „nie" sehr stark betont. Hier steht eine dreifache Verneinung. Gott will, dass Sie wissen, dass er Sie nie-nie-niemals verlassen wird. Gar nie. Niemals. Er verspricht, Sie niemals im Stich zu lassen oder sich abzuwenden, egal was Sie getan haben oder was Sie durchmachen. Daran halten wir fest.

Gott wird mich niemals im Stich lassen oder sich abwenden. Nie-nie-niemals. An diesem Versprechen halte ich jeden Tag fest.

Tag 68

Schönheit für Asche

Der Geist Gottes, des Herrn, ruht auf mir, denn der Herr hat mich gesalbt, um den Armen eine gute Botschaft zu verkünden. Er hat mich gesandt, um die zu heilen, die ein gebrochenes Herz haben, und zu verkündigen, dass die Gefangenen freigelassen und die Gefesselten befreit werden. Er hat mich gesandt, um ein Gnadenjahr des Herrn und einen Tag der Rache unseres Gottes auszurufen und alle Trauernden zu trösten. Er hat mich gesandt, um es den Trauernden zu ermöglichen, dass ihnen ein Kopfschmuck anstelle von Asche, Freudenöl anstelle von Trauerkleidern, und Lobgesang anstelle eines betrübten Geistes gegeben werde ...

Jesaja 61,1-3

Es gibt vielleicht in der ganzen Bibel keine schönere Stelle als Jesaja 61. Hier verkündet Jesus, wozu er gekommen ist. Er ist gekommen, um die zerbrochenen Herzen zu heilen und die Gefangenen zu befreien. Er ist gekommen, um uns in ihm und für ihn wieder heil zu machen. Er ist gekommen, um die Trauernden zu trösten und ihnen einen Kopfschmuck statt Asche zu bringen und Freudenöl statt Trauerkleider. Er sagt, die Trauer bleibt in der Nacht, aber am Morgen kommt die Freude. Sie kommt mit dem Morgenstern. Sie kommt mit Jesus. Immer.

Jesus, heile mein gebrochenes Herz, befreie mich aus der Finsternis. Tröste mich im Leid. Reinige mich von allem Bösen, das in meiner Sorge eingedrungen ist oder Wurzeln geschlagen hat. Gib mir einen Kopfschmuck statt Asche. Mach mich hier und jetzt schön, Herr. Nimm meinen Kummer und meine Sorgen fort und gib mir Freudenöl statt Trauer. Gib mir ein Freudengewand statt Verzweiflung.

Tag 69

Frieden finden

Ich erinnere mich, dass du gesagt hast:
„Sucht meine Nähe!“ Das will ich jetzt tun
und im Gebet zu dir kommen.
Psalm 27,8

Erinnern Sie sich noch an den Autoaufkleber, auf dem „Jesus ist die Antwort“ stand? Ich habe mich immer darüber lustig gemacht und gedacht: Und was ist die Frage?

Wie lange braucht eine Ofenkartoffel? Jesus.

Welches ist die beste Autoversicherung? Jesus.

Aber je älter ich werde, desto mehr glaube ich, dass der Aufkleber doch recht hatte. Jesus *ist* die Antwort. Er ist die Antwort auf jede wichtige Frage meines Herzens und jedes Bedürfnis meiner Seele. Und meine Bedürfnisse und Fragen treten ganz schön in den Vordergrund, wenn ich verzweifelt bin.

Wie finden Sie mitten in schwierigen, schmerzhaften Umständen Frieden? Lassen Sie sich vom Frieden finden. Er ist genau dort, wo Sie sind, mitten in Ihrem Leben.

Mitten in unserer Freude, in unserer Geschäftigkeit, in unseren Sorgen und unserem Leid ist es wichtig, dass wir unseren Blick auf Jesus richten. Laden Sie Jesus zu sich ein. Bitten Sie ihn, Ihnen wieder einmal zu beweisen, dass er der ist, der er behauptet zu sein. Er sagt, er ist unsere Stärke, unser Schild, unser Fels, unser Zufluchtsort, unser Schutz, unser Befreier, unser Tröster, unser treuer Begleiter und unser immer gegenwärtiger Freund. Jesus sagt, er ist der allmächtige Gott, der Friedefürst. Wir können ihm vertrauen.

Jesus ist der Einzige, der die tiefsten Bedürfnisse Ihres Herzens erfüllen kann, und er will, dass Sie wissen, dass er Sie so sehr liebt, dass er Himmel und Erde in Bewegung gesetzt hat, um das zu tun. Er ist der Einzige, der Sie niemals enttäuschen, niemals verlassen, von Herzen trösten und Sie jeden Augenblick vollkommen lieben wird. Laden Sie ihn zu sich ein, er *ist* die Antwort.

Jesus, ich preise dich heute, weil du mein Befreier bist. Mein Fels, mein Schild, mein Zufluchtsort, mein Tröster, mein bester Freund, meine Stärke und mein Schutz. Du bist der allmächtige Gott, der Friedefürst, und ich vertraue dir!

Tag 70

Gottes Nähe suchen

Dankt Gott, ganz gleich wie eure Lebensumstände auch sein mögen.

1. Thessalonicher 5,18

Meine Mutter war eine sehr zwanghafte Frau. Sie wollte über alles die Kontrolle haben und konnte sehr fordernd sein. Sie hat in vielerlei Hinsicht versagt. Nicht in jeder Hinsicht, bei Weitem nicht, aber sie hatte ihre Ecken und Kanten.

Und meine Mutter liebte Jesus. Als im Alter von 71 Jahren der Krebs anfing, ihr Leben zu zerstören, kam es zu einer verblüffenden Veränderung. Meine Mutter wurde weichherziger. Sie wurde sanfter. Sie gab die Kontrolle ab, war nicht mehr so fordernd und kritisch und sie sagte öfter als je zuvor: „Ich liebe dich." Ihre Schönheit, die eigentlich immer da gewesen war, trat nun auf erstaunliche Weise hervor. Unsere letzten vier gemeinsamen Monate waren in puncto Liebe und Beziehung die besten, die wir je miteinander hatten.

Meine Mutter litt sehr in ihren letzten Lebensmonaten, aber in dieser Zeit suchte sie auch Gottes Nähe und erfuhr seine Liebe auf eine Art, die ihr Herz mit Frieden und Freude erfüllte. In diesen Wochen konnte meine Mutter nicht mehr schlucken und wurde durch eine Magensonde ernährt. Sie hoffte, dass Jesus auf der anderen Seite mit einem großen Glas voll kaltem Wasser auf sie wartete.

Einige Monate nachdem meine Mutter gestorben war, fand ich eine Notiz in ihrer wunderschön geschwungenen Handschrift. Sie schrieb: „Ich bekam eine überraschende Krebsdiagnose, und was darauf folgte, war die wunderbarste, lohnendste und herrlichste Zeit, die mir Gott je geschenkt hat. Ich danke Gott, dem Vater, dem Sohn und dem Heiligen Geist aus der Tiefe meiner Seele."

Meine Mutter dankte tatsächlich mitten in ihrem Leid – nicht *für* ihr Leid, sondern für das, was es in ihrem Leben bewirkt hat. Dieses schreckliche Leiden hat sie offen gemacht für Beziehungen und fähig gemacht, Liebe zu geben und anzunehmen. Und obwohl ihr Kampf gegen den Krebs sie das Leben kostete, war das, was sie durch all den Schmerz bekam, für sie, wie sie es ausdrückte, „die wunderbarste, lohnendste und herrlichste Zeit, die mir Gott je geschenkt hat".

Und nun darf sie lebendiges Wasser trinken!

Jesus, ich will dir heute in meinem Leid danken.
Danke, dass du bei mir in meinem Leid bist! Möge
der Schmerz, den ich erlebe, mich dahin bringen,
Liebe überreich zu geben und zu empfangen.
Amen.

Tag 71

Was das Leid bewirkt

Deshalb geben wir nie auf. Unser Körper mag sterben, doch unser Geist wird jeden Tag erneuert. Denn unsere jetzigen Sorgen und Schwierigkeiten sind nur gering und von kurzer Dauer, doch sie bewirken in uns eine unermesslich große Herrlichkeit, die ewig andauern wird!

2. Korinther 4,16-17 (NL)

Am 28. Jahrestag seines Sturzes von der Leiter, durch den er querschnittsgelähmt wurde, schickte unser Freund Scott uns eine Karte. Scott und seine Frau kennen Gott auf eine Art, wie es nur ganz wenige Menschen tun.

Er schrieb nur: „Ich bedaure nichts."

Als wir das lasen, kamen John und mir die Tränen.

Gott hat Scott genauso wenig von der Leiter fallen lassen, wie er meine Mutter krebskrank gemacht hat. Er hat das nicht verursacht, aber hat diese Ereignisse gebraucht. Und auch in unserem Leben wird er Leid gebrauchen, um uns zu zeigen, wer er angesichts von Tragödien und Qualen wirklich ist. Er wird es gebrauchen, um uns zu zeigen, wer wir wirklich sind. Jesus will, dass Sie wissen, wer Sie sind. Er will, dass wir uns so sehen, wie unser Vater im Himmel uns sieht. Das wichtigste Spiegelbild für uns ist dasjenige, das wir in seinen Augen sehen.

Ich möchte zu einer Frau werden, die sich in guten Zeiten genauso nach Gott sehnt wie in schlechten. So weit ist es aber noch nicht. Nichts kann mein Herz so dazu bewegen, Gott nachzufolgen, wie eine Phase der Trauer. Das kann die Trauer darüber sein, dass ich an meinen Söhnen oder meinem Mann versagt habe. Es kann der Kummer sein angesichts der Erkenntnis, wie meine Selbstsucht meine Freunde verletzt. Es kann der Schmerz darüber sein, dass ein lieber Mensch leiden muss. Aber es gibt nichts, was mich so in Gottes Nähe treibt wie der Schmerz.

Der Bruder unseres Freundes, Lance, ist vor Kurzem verstorben. Er war dreißig und hat die letzten acht Monate seines

Lebens mutig gegen einen Hirntumor gekämpft. Wenige Tage bevor er starb, schrieb seine trauernde Mutter: „Wenn wir nicht zulassen, dass der Schmerz uns verändert, dann werden wir ihn auf etwas anderes übertragen … Mögen all unsere Sorgen und Verluste sich in Mitgefühl verwandeln."

Unser liebender Vater gebraucht Schmerz und Sorgen in unserem Leben, um uns zu verändern. Lassen Sie zu, dass der Schmerz seine mächtige, heiligende Wirkung zeigt.

Gott, egal ob ich heute Freude oder Schmerz
erlebe, möge es mich näher zu dir bringen.

Tag 72

Danken

Freut euch zu jeder Zeit! Hört niemals auf zu beten. Dankt Gott, ganz gleich wie eure Lebensumstände auch sein mögen.

1. Thessalonicher 5,16-18

Wie können wir es schaffen, dass unser Leid uns näher zu Gott bringt und uns nicht neidisch, hart und wütend macht?

Ich meine, dass wir uns ehrlich fragen müssen, was wir mit unserem Leid gemacht haben. Sind wir dadurch ängstlicher geworden? Wollen wir alles kontrollieren? Sind wir gegenüber Gott oder anderen bitter geworden? Und wenn dem so ist, sollten wir das schleunigst zu Jesus bringen, denn das ist ein Krebsgeschwür an unserer Seele und zerstört das, was Gott schön machen möchte. Es ist unendlich wichtig, dass wir unsere Wut, unseren Neid, unseren Wunsch nach Kontrolle oder unsere Bitterkeit ablegen. Bitten wir also Gott, diese Dinge aus unserem Herzen und unserer Seele zu nehmen.

Nichts, absolut gar nichts, macht die zerstörerischen Auswirkungen unseres Leides so effektiv zunichte wie unsere Entscheidung, Jesus inmitten von alledem anzubeten. Das heißt nicht, dass wir Gott *für* alles Böse, Üble, Schwere, Schmerzhafte, Qualvolle, Traurige in unserem Leben danken sollen. Dann würden wir das Böse gutheißen. Nein, die Bibel sagt, wir sollen *in* jeder Lebenslage danken, nicht *für* jede Lebenslage.

Wenn wir Jesus auch in unserem Leid lieben, kann er *in* unser Leid hineinkommen. Dankbarkeit öffnet Türen in der geistlichen Welt, sodass Gottes Gegenwart unser Leben, unsere Gedanken, unseren Verstand und unsere Perspektive erfüllen kann. Sie öffnet die Tür für den Segen, mit dem Gott unser Leben füllen will. Letztlich werden wir an einen Punkt kommen, an dem wir immer dankbarer werden für die Geschichte unseres Lebens, sowohl für die schönen Zeiten als auch für die Zeiten mit großem Leid. Wir werden an einen Punkt kommen, an dem wir Gott über all das erheben können. Ja, über alles.

Vater im Himmel, gebrauche heute den Schmerz
in meinem Leben, um deine Treue, Güte und Liebe
zu mir zu zeigen. Amen.

Tag 73

Schöne Wunden

Leg deinen Finger auf meine durchbohrten Hände und sieh sie dir an! Gib mir deine Hand und leg sie in die Wunde an meiner Seite! Zweifle nicht länger, sondern glaube!

Johannes 20,27

Als Jesus auferstanden war und seinen Jüngern erschien, war Thomas nicht dabei. Also kam Jesus noch einmal zu ihnen, als Thomas bei den anderen war. Erinnern Sie sich, wie Jesus bewies, dass er tatsächlich auferstanden und immer noch derselbe Jesus war, den sie gekannt und geliebt hatten?

Er sagte zu Thomas: „Lege deine Hände in meine Wunde."

Jesus hatte damals seine Wunden immer noch und er hat sie auch heute noch. Sie gehören zu seiner Herrlichkeit. Sie sind der Grund, weshalb wir ihn anbeten. Der verherrlichte Jesus hat immer noch seine Wunden, und wenn wir einmal in der Herrlichkeit sein werden, werden wir unsere Wunden auch noch haben. Aber sie werden schön sein, so wie seine.

Meine Lebensgeschichte und die Kämpfe, die ich durchgestanden habe – und immer noch durchstehe –, haben mich zu der Frau gemacht, die ich heute bin, und werden mich zu der Frau machen, die ich werden will. Meine Wunden, meine Kämpfe, mein Versagen, meine Freuden, meine ganz persönlichen, einsamen Qualen haben meine Seele zu etwas Wunderschönem gemacht. Etwas Ewigem, Gutem – und Ihre auch.

Wir können uns gegen diesen Prozess wehren oder uns in ihn hineinbegeben. Wir haben die Wahl, durch unser Leid sanft oder hart zu werden. Wir entscheiden, ob das Leid uns mitfühlend macht oder ob unser Herz neidisch auf andere wird. Wir können Jesus mitten im Leid lieben oder ihm deswegen böse sein. Aber nur eine dieser Entscheidungen wird uns schöner machen.

Der Schmerz, die Sorgen und die Qualen, die wir durchleben, haben einen Sinn. Gott wirkt alles zu unserem Besten. Er arbeitet an einem unglaublichen Meisterwerk. Die Schönheit, die die verändernde Kraft des Leides in uns hervorbringt, wird uns sprachlos machen. Wir werden überwältigt und ewig dankbar sein. Und der Höhepunkt wird sein, dass wir durch das Leid, das wir durchlebt haben, Jesus auf eine Art kennengelernt haben, die uns die Prüfungen als ein Geschenk sehen lässt. Unglaublich.

Ich beschließe heute, dass mein Leid mich sanfter und empfänglicher für Gottes Liebe machen soll. Ich entscheide mich dafür, durch mein Leid mitfühlender gegenüber anderen zu werden. Ich will, dass mein Leid mich schöner werden lässt.

Tag 74

Schüttle den Staub ab

Steh auf und schüttle den Staub ab! Setz dich wieder auf deinen Thron, Jerusalem! Wirf die Halsfesseln ab, du Gefangene!

Jesaja 52,2

John und ich sind vor Kurzem im Zoo gewesen. Wir haben dort eine unglaubliche Ansammlung an Vögeln in einem Gehege gesehen, das mit hochgespannten Netzen abgesichert war, sodass sie nicht wegfliegen konnten: Flamingos, Kalifornische Kondore und zwei Weißkopfseeadler.

Später an diesem Tag sind wir dann noch wandern gegangen. Beim Schrei eines Habichts blieben wir stehen und sahen drei dieser Tiere am Himmel segeln. Sie schossen herab und stiegen dann wieder auf, immer höher. Sie jagten einander und standen dann wieder still in der Luft. Sie flogen mit der Wendigkeit von Adlern. Es war atemberaubend. Sie waren *frei*.

Nachdem ich das gesehen hatte, taten mir die Vögel leid, die ich gerade in Gefangenschaft gesehen hatte. Im Zoo war es zwar schön gewesen, die Weißkopfseeadler aus der Nähe zu sehen. Sie waren riesig! Aber ich habe schon Weißkopfseeadler gesehen, die am Ufer des *Snake Rivers* Fische fraßen. Ich habe gesehen, wie sie aus der sicheren Höhe einer mächtigen Kiefer über ihr Revier Ausschau gehalten haben, und ich habe gesehen, wie sie mit Steinadlern um ihren Horst gekämpft haben.

Freiheit ist besser als Gefangenschaft. Warum sollte jemand sich für die Gefangenschaft entscheiden? Warum leben wir so lange in den Fesseln, in denen wir stecken – den Fesseln von Gruppenzwang, negativen Gedanken über uns selbst und Angst?

Ich möchte, dass jede Frau Jesaja 52,2 hört: „Wirf die Halsfesseln ab."

Ich soll sie abwerfen? Sollte das nicht Jesus tun? Das tut er auch. Aber wir spielen bei unserer Befreiung auch eine Rolle. Gott fordert uns dazu auf aufzustehen, den Staub abzuschütteln und uns auf den Thron zu setzen.

Mit der Zeit vergessen die Vögel im Zoo, dass sie für den Himmel oder die weite Steppe geschaffen sind. Das soll uns nicht passieren. Wir wollen daran denken, dass Gott uns auffordert, uns für seine Gnade, seine Wahrheit und unsere Identität in ihm zu entscheiden.

Nennen Sie eine Sache, von der Sie heute gerne frei wären. Trauer? Bedauern? Selbstverachtung, Scham, Sorgen, Zweifel, Sucht? Inwiefern hält dieser Kampf Sie gefangen?

Herr, zeig mir, wie ich diese Fesseln abwerfen kann.
Ich will nicht mehr gefangen sein.

Tag 75

Wo die Freiheit anfängt

Und weil ich diese Botschaft verkünde, habe ich viel Schweres durchzumachen und bin jetzt sogar wie ein Verbrecher gefesselt. Aber das Wort Gottes kann man nicht in Fesseln legen.

2. Timotheus 2,9 (NGÜ)

Vor vielen Jahren waren John und ich Mitglieder einer wunderbaren Gemeinde in Südkalifornien. In diese Gemeinde ging auch ein junger Mann mit einer erstaunlichen Geisteshaltung und einem noch viel erstaunlicheren Lebenslauf. „Daniel" stammte aus Uganda. Er hatte dort unter der Schreckensherrschaft Idi Amins gelebt und weil er Christ war, war er im Gefängnis gewesen, war geschlagen und gefoltert worden – und seine Narben bewiesen es.

Während eines seiner Verhöre hängte man ihn über Kopf auf und er wurde tagelang geschlagen. Nach Tagen dieses Folterrituals sagte Daniel zu seinem schlagenden Wächter, als dieser ging: „Ich wünsche Ihnen einen schönen Abend."

Das war ein Segenswunsch.

Durch die Gnade Jesu, der in seinem Herzen lebte, konnte Daniel seinen Unterdrückern vergeben, und durch diese Vergebung erhob er sich über die Fesseln, mit denen sie sein Leben, sein Herz, seinen Verstand und seinen Geist binden wollten.

„Ich wünsche Ihnen einen schönen Abend."

Der Wächter fragte: „Wie kannst du das zu mir sagen?"

Daniel sagte es ihm. Er erzählte ihm, welchen Preis Jesus bezahlt hatte, um sein Herz zu gewinnen, und von der Freiheit in Christus. Er erzählte ihm davon, Vergebung, Annahme und vollkommene Liebe zu erfahren.

Einige Tage später half dieser Wächter Daniel zu fliehen. Aber zuerst nahm er ihn mit nach Hause, um ihm etwas zu essen zu geben und damit er seiner Familie das Evangelium brachte.

Manchmal denken wir, wir könnten erst Freiheit erleben, wenn sich unsere Lebensumstände ändern. Das stimmt nicht. Gott beginnt meistens zuerst damit, unser Herz zu verändern. Erst dann kann er auch unsere Umstände ändern.

Unsere Freiheit beginnt mit der Entscheidung, Christus so in unser Herz eindringen zu lassen, dass wir uns dazu entscheiden zu lieben und zu vergeben. Uns wurde die größte Freiheit überhaupt geschenkt: die Freiheit unseres Herzens, die Freiheit von Sünde, die Freiheit, durch die wir leben und lieben können wie Jesus.

Gibt es Umstände in Ihrem Leben, von denen Sie hoffen, sie würden sich verändern? Wie wäre es, wenn Sie jetzt Freiheit erleben würden, obwohl die Situation gleich bleibt?

Tag 76

Nicht mehr gefangen

Passst euch nicht den Maßstäben dieser Welt an, sondern lasst euch von Gott verändern, damit euer ganzes Denken neu ausgerichtet wird. Nur dann könnt ihr beurteilen, was Gottes Wille ist, was gut und vollkommen ist und was ihm gefällt.

Römer 12,2

Wie oft haben Sie schon Sätze wie diese gehört oder gedacht?

„Sie redet zu viel und lacht zu laut."

„Sie ist zu still."

„Ich fasse es nicht, dass sie ihre Kinder zu einer Tagesmutter schickt, um arbeiten zu gehen."

„Ich fasse es nicht, dass sie wegen der Kinder ihren Beruf aufgibt."

Frauen können gemein sein. Wir verletzen einander mit Worten und sogar mit Blicken. Wir machen andere nieder, um uns selbst aufzubauen. Wenn wir uns unserer selbst oder unserer Entscheidung nicht sicher sind, wirken Menschen, die andere Entscheidungen treffen als wir, bedrohlich. Und deshalb verurteilen wir sie.

Urteile sind gefährlich und können regelrecht wie ein Fluch über diejenigen wirken, die wir verurteilen.

Gott sagt nicht umsonst, dass wir die segnen sollen, die uns fluchen. Wegen seiner unbändigen und erstaunlichen Liebe zu uns fordert er uns dazu auf, andere zu segnen – auch diejenigen, die uns verletzt, verurteilt, schlechtgemacht, abgelehnt oder einfach nur falsch verstanden haben. Segnen Sie sie. Beten Sie dafür, dass diese Menschen Jesus noch mehr erleben, denn wenn sie gesegnet sind und eine enge Beziehung zu Jesus haben, dann werden sie Sie auch nicht verurteilen!

Wir sind nicht mehr in der Sünde gefangen. Wir sind keine Sklaven der Welt oder unseres Fleisches mehr und schon gar nicht des Teufels. Wir sind befreit. Wir sind frei, in das Ebenbild Christi verwandelt zu werden. Wir sind sogar frei, angesichts von Hass zu lieben und anderen die Schönheit zu zeigen, die Gott von Anfang an in uns hineingelegt hat.

Vater, ich muss andere Menschen nicht verurteilen,
weil sie andere Entscheidungen treffen als ich.
Ich muss andere Frauen nicht mit meinen Worten
oder meinem Gesichtsausdruck niedermachen.
Vergib mir. Zeig mir, wie ich sie unter allen
Umständen lieben kann. In Jesu Namen. Amen.

Tag 77

Die Freiheit zu versagen

Aber wie sah euer Leben früher aus? Ihr wart Gott ungehorsam und wolltet von ihm nichts wissen. In seinen Augen wart ihr tot. Ihr habt gelebt, wie es in dieser Welt üblich ist, und wart dem Satan verfallen, der seine Macht ausübt zwischen Himmel und Erde. Sein böser Geist beherrscht auch heute noch das Leben aller Menschen, die Gott nicht gehorchen. Zu ihnen haben wir früher auch gehört, damals, als wir eigensüchtig unser Leben selbst bestimmen wollten. Wir haben den Leidenschaften und Verlockungen unserer alten Natur nachgegeben, und wie alle anderen Menschen waren wir dem Zorn Gottes ausgeliefert. Aber Gottes Barmherzigkeit ist groß. Wegen unserer Sünden waren wir in Gottes Augen tot. Doch er hat uns so sehr geliebt, dass er uns mit Christus neues Leben schenkte. Denkt immer daran: Diese Rettung verdankt ihr allein der Gnade Gottes. Er hat uns mit Christus vom Tod auferweckt, und durch die Verbindung mit Christus haben wir schon jetzt unseren Platz in der himmlischen Welt erhalten.

Epheser 2,1-6

Wussten Sie, dass Sie heute die Freiheit besitzen, auch einmal zu versagen? Dank Jesus sind Sie frei von den Einengungen durch die Erwartungen, Forderungen, Lasten und Urteile, die andere und auch Sie selbst an Sie stellen, Ihnen auferlegen oder über Sie fällen.

Perfektionismus ist ein schreckliches Gefängnis. Aber Sie müssen nicht darin leben.

Satans Ziel ist es, Sie davon abzuhalten, in der Freiheit zu leben, die Christus für Sie erkauft hat. Satan flüstert Ihnen zu, wenn Sie versagt oder gesündigt haben oder sich einfach mies fühlen, weil Sie denken, Sie seien ein Nichts. Er ist ein Lügner und Sie müssen um Ihre Freiheit kämpfen, indem Sie ihn entlarven, auch wenn sich seine Lügen wahr anfühlen. Der Kampf findet in Ihren Gedanken statt, in Ihrem Verstand und Ihrem Herzen.

Sie leben unter der Gnade, nicht unter dem Gericht. Sie sind geliebt, Ihnen ist vergeben, Sie sind angenommen. Ihre Gefühle schwanken vielleicht. In Ihrem physischen und geistlichen Leben gibt es Variablen. An einem Tag sind Sie stark in Christus und glauben alles, was Gott sagt, am nächsten Tag fühlen Sie sich schwach, zweifeln und hinterfragen.

Das ist in Ordnung. Sie werden immer Gottes Hilfe brauchen. Nur er ist vollkommen, stark und vollendet. Und in ihm sind Sie das auch. Aber eben *nur* in ihm.

Gott, es tut mir leid. Bitte vergib mir, dass ich nicht so lebe und liebe, wie du es möchtest. Danke, dass das Blut Jesu mich von aller Sünde reinigt. Füll mich jetzt neu mit deinem Geist, Herr, damit ich in Liebe und Freiheit leben und dir Freude machen kann. In Jesu Namen bitte ich.

Tag 78

Der Kampf des Glaubens

Der Herr aber ist der Geist, und wo immer der Geist des Herrn ist, ist Freiheit.

2. Korinther 3,17

Vor Kurzem lag ich abends auf dem Boden und hörte Anbetungsmusik. Aber ich lag nicht auf dem Boden, weil ich betete. Ich habe nachgedacht. Es war kein besonders guter Tag gewesen. Denn ich war erschöpft vom Reisen und von zu vielen Gesprächen, und ich hatte geglaubt, die Lösung für meinen körperlichen und emotionalen Zustand wären Pizza und Schokoladeneis. Ich hatte also beschlossen, den ganzen Tag nach alten Verhaltensmustern zu leben, die sich noch nie als hilfreich erwiesen hatten.

Als ich so auf dem Boden lag und der Musik zuhörte, fragte ich Gott: „Liebst du mich auch jetzt? Wie kannst du mich lieben, wenn ich so weit unten bin?"

Und dabei wusste ich, dass er es tat. Mir war klar, dass Jesus am Kreuz für alle meine Sünden gestorben war, sogar für die, die ich immer und immer und immer wieder begehe. An jenem Tag tobte ein Kampf um meine Freiheit, und er tobte um das, worum er in meinem Leben fast immer tobt: um das, was ich über mich und mein Leben in Jesus glauben würde.

Jesus hat in einer geistlichen Machtprobe mit dem Teufel unsere Freiheit errungen. Aber unser Feind will sich trotzdem immer noch nicht kampflos ergeben, obwohl er weiß, dass er Jesus, den Siegreichen, nicht bezwingen kann. Doch solange diese Welt noch besteht, kann er Jesus immer noch wehtun, indem er uns wehtut.

Jesus hat unsere Freiheit erkämpft, aber wir müssen sie annehmen und darin festbleiben. Das ist unser guter Kampf des Glaubens: zu glauben, dass Gott der ist, der er zu sein behauptet, und zu glauben, dass wir die sind, die er in uns sieht, und das auch dann noch, wenn wir von Anzeichen umgeben sind, die das genaue Gegenteil zu sagen scheinen.

Wenn wir in Freiheit leben und die Frauen werden wollen, die wir sein sollen, dann müssen wir Gottes Liebe annehmen, auch wenn wir ganz unten sind.

Jesus, ich sehne mich danach, frei zu sein. Ich sehne mich danach, dich noch besser zu kennen und noch mehr zu lieben. Du bist würdig. Bitte nimm alles weg, was mich davon abhält, dich so zu kennen, wie du wirklich bist, und in der Freiheit zu leben, die du für mich erkauft hast. In Jesu mächtigem Namen. Amen.

Tag 79

Eins sein mit Gott

Mit diesen Waffen zerschlagen wir all
die hochtrabenden Argumente, die die
Menschen davon abhalten, Gott zu erkennen.
Mit diesen Waffen bezwingen wir ihre
widerstrebenden Gedanken und lehren sie,
Christus zu gehorchen.
2. Korinther 10,5 (NL)

Descartes schrieb die berühmten Worte: „Ich denke, also bin ich." Ich würde noch zwei leere Stellen in diesen Satz einfügen. Ich denke, ich bin ______________, also bin ich ______________. Ich denke, ich bin freundlich, also bin ich freundlich. Ich denke, ich bin erwählt, also bin ich erwählt. Ich denke, dass ich immer liebevoller werde, also werde ich immer liebevoller. Ich denke, dass ich für immer in der Sünde gefangen bin, also bin ich für immer in der Sünde gefangen.

Was denken Sie über Gott? Was denken Sie über sich selbst? Wer sind Sie? Worum, glauben Sie, geht es im Leben? Was, glauben Sie, ist wahr?

Was wir denken, prägt unsere Realität und wirkt sich direkt darauf aus, wie wir unser Leben leben. Wir bewegen uns auf das zu, worauf wir uns konzentrieren, worauf wir den Blick richten und was wir schätzen. Was wir für wahr halten, leben wir tagtäglich aus. Also, was denken Sie?

Wir können es uns nicht länger erlauben, unseren Gedanken einfach freien Lauf zu lassen. Es ist wichtig, worüber wir nachdenken. Wir müssen uns angewöhnen, immer ein Auge auf unser Herz und unsere Gedanken zu haben. Was glauben wir? Mit wem machen wir uns eins? Warum?

Wenn uns bewusst wird, dass unsere Gedanken nicht mit dem Wort Gottes übereinstimmen, müssen wir Buße tun und unsere Gedanken wieder mit Gott in Einklang bringen. Wenn uns bewusst wird, dass wir uns eins machen mit dem Feind, wenn wir zum Beispiel denken: *Das Leben ist schwer, und irgendwann stirbt man* oder: *Ich werde mich nie ändern*, dann sollten wir das widerrufen – und zwar laut. Egal, wie Sie sich dabei fühlen.

Widerrufen Sie jede Zustimmung zu etwas, das Gottes Wort zuwiderläuft, mit diesem Gebet:

Ich lege diese Lüge ab. Ich widerrufe jede Zustimmung zu den Lügen des Teufels. Ich widerrufe meine Zustimmung zu: (ich bin besiegt; davon werde ich nie frei; ich hasse XY; ich bin dumm, hässlich, dick, depressiv … nennen Sie es beim Namen und machen Sie Schluss damit). Im Namen Jesu Christi, meines Herrn, lege ich das ab.

Tag 80

Er verdient unser Ja

Wie soll das geschehen?

Lukas 1,34

Maria war ein junges Mädchen zwischen dreizehn und fünfzehn Jahren, als der Engel Gabriel ihr erschien und ihr sagte, dass sie den Sohn Gottes zur Welt bringen würde.

Voller Erwartung fragte sie: „Wie wird Gott das machen, da ich doch Jungfrau bin?“ Das war keine zweifelnde Frage, es war eine Frage voller Glauben. Maria glaubte Gabriel sofort. Als sie mit etwas Übernatürlichem konfrontiert wird, fragt Maria: „Wie *soll* das geschehen?“. Sie wusste, wenn Gott etwas sagt – egal was –, können wir ihm glauben.

Maria kannte Gott lange bevor sie ihn im Bauch trug. Lange bevor der Engel diese Worte sprach, wusste sie, dass Gott nichts unmöglich ist. Ganz gleich wie beunruhigt Maria auch war, ihr Herz war im Glauben geübt. Anders ausgedrückt: Ich gehöre ihm. Ich bin sein. Ja, Herr.

Wusste Maria, was das für sie bedeuten würde? Vielleicht. Hatte sie Angst? Vielleicht. Sie war ein Mensch. Sie kannte ihre Schwachstellen besser als jeder andere. Und Gott hatte sie erwählt. Er hatte sie erwählt, um den Retter der Welt in die Welt zu bringen, genauso wie Gott uns erwählt hat, den Retter der Welt in unsere ganz persönliche Welt zu bringen. Maria vertraute Gott und wusste, dass er ihr Ja verdiente.

Maria war eine sehr junge Frau mit einem sehr tiefen Glauben. Wie gut ist es, in ihren Fußstapfen zu gehen, so zu reagieren, wie sie reagiert hat, zu glauben und nicht zu fragen, *wie* Gott kommt, sondern einfach zu erwarten, dass er es tun wird.

Jesus, wenn du mir sagst, was du in meinem Leben tun willst, soll meine Antwort einfach sein: „Wie soll das geschehen?“

Tag 81

Eine blühende Vorstellungskraft

Richtet eure Gedanken ganz auf die Dinge, die wahr und achtenswert, gerecht, rein und unanstößig sind und allgemeine Zustimmung verdienen; beschäftigt euch mit dem, was vorbildlich ist und zu Recht gelobt wird.

Philipper 4,8 (NGÜ)

Das nächste Mal, dass uns Maria begegnet, ist in der Nacht, als Jesus geboren wird. Die Hirten erzählen ihr und Josef von der Botschaft der Engel. Das muss sehr ermutigend gewesen sein! Danach heißt es in der Bibel: „Maria aber merkte sich jedes Wort und dachte immer wieder darüber nach" (Lukas 2,19).

Maria erinnerte sich aktiv daran. Spätabends, wenn sie ihren Kleinen stillte, holte sie diese Schätze hervor und dachte darüber nach. Sie war eine kluge Frau, die wusste, was sie in ihrem Herzen behalten, was sie wertschätzen und worüber sie nachdenken sollte.

Worüber denken Sie heute nach? Worüber denken Sie mitten in der Nacht nach, wenn Sie nicht schlafen können? Wenn alles um Sie herum still ist, was geht dann in Ihnen vor? Viele von uns denken über ihr Versagen, die Enttäuschungen des vergangenen Tages, der Woche, des Monats, unseres ganzen Lebens nach. Oder wir denken über das Versagen der anderen nach, die uns enttäuscht haben.

Das sind keine Schätze. Diese Dinge heißen Anschuldigungen, Bedauern, Bitterkeit. Wenn wir darüber nachdenken, bringt das kein Leben in unsere Seele.

Schätze sind wahr. Paulus ermutigt uns, darüber nachzudenken, was gerecht, rein, liebenswert und bewundernswert ist. Bibelverse sind Schätze, Schätze, an die wir uns gerne erinnern, denn sie besagen, was Gott gesagt, getan und verheißen hat. Der größte Schatz von allen ist Jesus. Wie wäre es, im Bett zu liegen und über ihn nachzudenken?

Versuchen Sie es heute Abend einmal. Füllen Sie Ihre Fantasie und Vorstellungskraft mit Bibelversen und Gedanken über Jesus an und lassen Sie ihnen freien Lauf. Wie gut er aussieht! Wie stark er ist! Wie tapfer er ist! Wie mutig, verwegen, ehrenhaft, königlich und herrlich er ist! Was für ein großartiger Sänger er ist! Was für ein Tänzer! Egal was, er ist der Beste. Und er will Sie! Ja, Sie sind auserwählt vom König der Könige. Denken Sie darüber nach. Bewahren Sie diesen Schatz in Ihrem Herzen.

An welches Bild von Gott könnten Sie sich diese Woche erinnern, wenn Sie sich überwältigt fühlen, Angst haben oder meinen, dass sie absolut nicht schön sind?

Tag 82

Wenn Gott sich Zeit lässt

Jesus liebte Marta, ihre Schwester Maria und Lazarus. Aber obwohl er nun wusste, dass Lazarus schwer krank war, wartete er noch zwei Tage.

Johannes 11,5-6

Als Jesus hörte, dass sein guter Freund Lazarus im Sterben lag, eilte er nicht zu ihm. Er hatte noch etwas Besseres vor. Also blieb er, wo er war, und dann vollbrachte er eines der größten Wunder in seinem Dienst auf dieser Erde.

Genau wie wir das auch oft müssen, mussten Lazarus' Schwestern auf Gott warten, und ihnen wurde klar, dass er nicht zu dem Zeitpunkt kam, zu dem sie es sich wünschten.

Zu glauben, dass Gott gut ist, wenn man auf ihn warten muss, ist ungeheuer schwer. Zu glauben, dass Gott gut ist, wenn man große Trauer, Verlust oder Schmerz erlebt, ist noch schwerer. Das sind die Gelegenheiten, in denen unser Glaube geprüft und zu Gold gemacht wird. Das, was wir durch solche Prüfungen über Gott lernen und über die Bereiche unseres Herzens, in denen er wohnt, bringt Menschen dazu zu sagen: „Ich würde es nicht anders wollen."

Das ist die verrückte, übernatürliche Welt Gottes.

Ich weiß, dass Gott Ihre Gebete oft nicht so beantwortet hat, wie Sie es wollten, oder nicht in dem Zeitrahmen, den Sie sich vorgestellt hatten. Genau das erlebte Maria, als Jesus nicht kam und Lazarus starb. Aber als Maria sah, dass Jesus kam, rannte sie ihm entgegen und fiel ihm zu Füßen. Sie betete ihn an. Sie brachte Jesus ihr ganzes Ich, mit all ihrer Trauer und ihren Tränen. Und als er sie weinen sah, weinte Jesus auch.

Ihre Tränen bewegen Jesus. Ihr Warten, Ihre Liebe, Ihre Sorgen. Es berührt ihn, wenn Sie ihn anbeten, obwohl alles hoffnungslos erscheint. Es ist eine der intensivsten Arten, Ihre

Liebe zu ihm auszudrücken. Und es ist eine der großartigsten Gelegenheiten für ihn, Ihnen seine Liebe zu zeigen.

Jesus, ich warte heute auf dich. Ich warte schon lange darauf, dass du bestimmte Bereiche meines Lebens heilst. Und während ich auf dich warte, bete ich dich an. Ich liebe dich. Ich glaube, dass du mich siehst und bald zu mir kommen wirst, um mir neues Leben zu schenken. In Jesu Namen. Amen.

Tag 83

Verschwenderische Liebe

Maria brachte einen halben Liter echtes, kostbares Nardenöl, salbte Jesus damit die Füße und trocknete sie dann mit ihrem Haar. Der Duft des Öls erfüllte das ganze Haus.

Johannes 12,3

Einige Tage nachdem Jesus Lazarus von den Toten auferweckt hatte, aß er mit seinen Freunden zu Abend. Und da tat Maria das Unvorstellbare. Sie kam mit einem Alabasterkrug voll sehr teurem Salböl ins Zimmer. (Viele Kommentatoren glauben, dass in diesem Öl ihr ganzes Erspartes lag.) Maria zerbrach den Flaschenhals und goss Jesus etwas von dem Öl langsam auf den Kopf und den Rest dann über seine Füße. Dann tat sie etwas sehr Intimes und Skandalöses. Sie löste ihr Haar und wischte seine Füße damit ab, obwohl eine anständige Frau niemals in der Öffentlichkeit ihr Haar offen tragen würde.

Der Duft von Marias Opfer erfüllte das ganze Haus. *Es veränderte die Atmosphäre.* Wenn wir Jesus in der Anbetung alles geben, dann spüren andere um uns herum die Schönheit dieses Opfers.

Aber die Bibel berichtet, dass diejenigen, die an jenem Abend dabei waren, empört waren und sie grob zurechtwiesen. „Was für eine Geldverschwendung! Ein ganzer Jahreslohn für nichts! Man bedenke einmal, wie viele arme Familien man mit dem Geld eine Woche lang hätte ernähren können."

Sind Ihre Absichten schon einmal falsch verstanden worden? Hat schon einmal jemand die Art kritisiert, wie Sie beten oder wie Sie Ihre Zeit und Ihr Geld einsetzen; wie Sie dienen oder glauben oder etwas geschafft haben oder eben nicht geschafft haben? Jesus weiß genau, dass es schmerzt, falsch verstanden und verurteilt zu werden. Er weiß, dass das zu den traurigen Dingen im Leben in einer gefallenen Welt gehört.

Jesus verteidigt die Anbeter immer, und an jenem Abend

verteidigte er Marias rückhaltlose Hingabe. Jesus verstand Maria und er versteht Sie. Er verstand ihr Herz und das Ausmaß ihrer Liebe. Sie gab ihren ganz besonderen Teil, der ihr entsprach, und sie gab alles davon.

Weil sie ihn kannte, diente Maria Jesus auf eine Art, die niemand sonst auch nur im Entferntesten verstand. Sie vertraute ihm. Sie betete ihn verschwenderisch an.

Und Jesus gefiel es.

Jesus, ich will dich heute mit jener Hingabe und Vertrautheit anbeten, die Maria zeigte, als sie das Salböl über deine Füße goss. Ich will dich verschwenderisch anbeten! Amen.

Tag 84

Sie sind erwählt

Schon vor Beginn der Welt, von allem Anfang an, hat Gott uns, die wir mit Christus verbunden sind, auserwählt. Er wollte, dass wir zu ihm gehören und in seiner Gegenwart leben, und zwar befreit von aller Sünde und Schuld.

Epheser 1,4

Als Jugendliche war ich nicht besonders sportlich. Ich wurde nie als Erste in eine Mannschaft gewählt, und es hat mich nie jemand zum Tanzen aufgefordert. Aber in der vierten Klasse wählten mich meine Klassenkameraden zur Schülerin des Jahres. Ich weiß noch genau, wie ich mich gefreut habe. Unsere Lehrerin hat in jenem Schuljahr jeden Tag einen Schüler des Tages ernannt. Der Name des Schülers stand auf einer Tafel, wo ihn alle lesen konnten. Am Ende des Schuljahres zählte unsere Klassenlehrerin durch, wer am häufigsten zum Schüler des Tages ernannt worden war. Es stand unentschieden zwischen mir und einem gut aussehenden Jungen namens Bobby. Also ließ sie abstimmen. Es waren mehr Jungs in der Klasse als Mädchen und ich war ziemlich sicher, dass ich nicht gewinnen würde. Aber ich hatte einen kleinen Vorteil. In einer Woche würden wir von Prairie Village in Kansas in das unbekannte Kalifornien ziehen. Ich ging weg und alle wussten das. Die Wahl konnte also ein Abschiedsgeschenk für mich werden. Und ich gewann.

Es war mir eigentlich egal, weshalb ich gewonnen hatte. Mir war nur wichtig, dass *ich* gewählt wurde. Als Preis bekam ich eine Urkunde und ein Plakat mit den Fotos aller meiner Klassenkameraden. Ich löste die Fotos von dem Plakat ab, steckte sie in einen Umschlag und nahm sie mit nach Kalifornien.

Das war unmittelbar, bevor in jenem Frühling mein junges Leben zutiefst erschüttert werden sollte. Als wir in unserem neuen Zuhause angekommen waren, zerbrach meine Familie. Wie oft habe ich den Umschlag hervorgeholt und mir die Fotos meiner Klassenkameraden angesehen, um mich daran zu erinnern, dass ich geliebt wurde, dass ich auserwählt worden war. Gott hatte mir diese rettenden Erinnerungen geschenkt, als ich sie am allermeisten brauchte.

Wussten Sie, dass Gott *Sie* erwählt hat? Er hat Sie erwählt, um eine Beziehung zu ihm zu haben. Er hat Sie erwählt, damit Sie seinen Frieden erleben. Er hat Sie erwählt, damit Sie seine Errettung empfangen.

Wenn Ihre Welt erschüttert wird und zerfällt, dann denken Sie an diese Wahrheit: Sie sind auserwählt. Nichts wird das jemals ändern.

Jesus, ich liebe es, dass du dich nach mir ausstreckst. Nicht nach derjenigen, die ich mir wünschte zu sein, oder nach derjenigen, die ich einmal sein möchte, sondern nach mir, jetzt, so chaotisch wie ich bin, mitten in der Veränderung, die du an mir bewirkst. Amen.

Tag 85

Ein göttlicher Tausch

Herr, zeige mir deinen Weg, ich will dir treu sein und tun, was du sagst. Gib mir nur dies eine Verlangen: dir mit Ehrfurcht zu begegnen! Von ganzem Herzen will ich dir danken, Herr, mein Gott; für alle Zeiten will ich deinen Namen preisen. Denn deine Liebe zu mir ist unfassbar groß!

Psalm 86,11-13

Eine der besten Arten, sich daran zu erinnern, wer Gott ist und wer wir für ihn sind, ist, ihn anzubeten. In der Anbetung richten wir den Blick unseres Herzens fort von uns selbst und unseren Nöten auf Jesus, und dann findet eine göttliche Verlagerung statt, die viel Gutes in unser Leben bringt. Unsere übergroßen Kämpfe und Sorgen sind angesichts unseres mächtigen, liebenden Jesus nicht mehr so überwältigend. In der Anbetung erinnern wir uns daran, dass wir durch sein kostbares Blut erkauft sind. Wir erinnern uns daran, wem wir gehören.

Sie sind Jesu Liebste: „Ich gehöre meinem Liebsten, und sein Herz sehnt sich nach mir“ (Hoheslied 7,11). Sie und die Menschen, die Sie lieben, sind ihm unsagbar wichtig. Sie sind für immer geliebt.

Gott anzubeten ist unsere Antwort auf seine Liebe, seine Vergebung und darauf, dass er uns kennt. Es ist unsere Gelegenheit, ihm dafür zu danken, dass er uns sieht, uns erwählt, uns will, uns versteht, uns wertschätzt und uns neu macht. Anbetung ist unsere Reaktion darauf, dass wir Jesus sehen, wie er wirklich ist: würdig, schön, unendlich gut, gütig, vergebend, großzügig, wunderbar und ganz und gar *für* uns.

Anbetung ist eine Begegnung mit Gott, die uns verändert, weil sie unseren Geist mit der Wahrheit in Einklang bringt, auch wenn es sich nicht wahr *anfühlt*. Wir geben uns ihm ganz hin und er gibt sich uns ganz hin. Hier findet ein göttlicher Tausch statt, der sein Herz anspricht und unseres erneuert.

Intensive Anbetung ist nichts anderes, als Gott zu sagen, wie wunderbar er ist und warum. Dabei überschütten wir ihn mit unserer Liebe wie mit Salböl. Wir bringen als Frauen unser ganzes Ich zu ihm, auch unsere Müdigkeit und unsere Sorgen. Wenn wir Jesus lieben, stellen wir uns ihm immer mehr zur Verfügung, damit er sein tief greifendes Werk in uns fortführen und uns zu den Frauen machen kann, die wir so gerne sein möchten.

Jesus, ich bringe dir meine Müdigkeit. Ich bringe dir meine Zweifel. Ich bringe dir meinen Wunsch aufzugeben. Ich komme durstig zu dir. Ich bringe dir meine Wünsche, meine Begabung, meine Bedürfnisse, mein Versagen, mein Alles. Ich gebe dir alles, was ich bin, Gott. Ich schenke dir meine Liebe.

Tag 86

„Sie war bei Jesus"

Herr, wenn ich nur dich habe, bedeuten Himmel und Erde mir nichts. Selbst wenn meine Kräfte schwinden und ich umkomme, so bist du, Gott, doch allezeit meine Stärke – ja, du bist alles, was ich brauche!

Psalm 73,25-26

Wenn wir Jesus anbeten, drängen wir damit das Reich der Finsternis zurück und leiten das Reich Gottes ein. Es verändert die Atmosphäre um uns herum, sodass andere spüren und sagen: „Sie war bei Jesus."

Warum nehmen Sie sich nicht genau jetzt ein paar Minuten Zeit, um zu Jesus zu kommen? Stellen Sie sich vor, Sie sitzen ihm zu Füßen und hören ihm zu, oder Sie waschen seine Füße mit Ihren Tränen, oder Sie betrachten ihn am Kreuz, oder Sie verneigen sich vor dem lebendigen und auferstandenen Herrn. Sie können dabei nichts falsch machen. Gott freut sich so sehr, wenn wir mitten am Tag innehalten oder uns länger für ihn Zeit nehmen, um ihn einfach zu bewundern.

Jesus ist es wert, dass wir uns ihm hingeben und ihm danken. Ihr Jesus ist der, der in das tiefste, finsterste, gefährlichste Verließ kam, um seine wahre Liebe zu retten. Er wird wiederkommen auf einem weißen Pferd, mit Flammen in den Augen und einem brennenden Schwert in der Hand. Er hat Ihren Namen in seine durchbohrte Hand geschrieben. Er kennt jeden Ihrer Gedanken, zählt jedes Haar auf Ihrem Kopf und ihm ist jede Ihrer Tränen kostbar.

Jesus weint um Sie und mit Ihnen. Er sehnt sich nach Ihnen, hofft für Sie, träumt von Ihnen und freut sich über Sie mit Liedern. Er ist derjenige, der gegen alle Mächte der Hölle gekämpft hat, um Sie zu befreien, und er kämpft immer noch.

Jesus ist Ihr Ritter in der glänzenden Rüstung. Er ist die große Liebe, nach der Sie sich sehnen. Er ist die Verwirklichung Ihres Traumes. Er ist Ihr Held. Er ist Aslan, der Löwe aus dem

Stamme Judah und das Lamm Gottes. Er ist der Friedefürst, Alpha und Omega, der Erste und der Letzte, der König der Könige und der Herr der Herren, der Allmächtige.

Sein Name ist wie ein Kuss und ein Erdbeben zugleich. Sein Blick ruht auf Ihnen. Er hat Ihnen seine Liebe versprochen und Sie sind ihm auf ewig anvertraut. Er ist unveränderlich und seine Liebe wird nie von Ihnen weichen.

Was antworten Sie darauf? Lieben Sie ihn. Bewundern Sie ihn. Beten Sie ihn an.

Herr, wenn ich nur dich habe, bedeuten Himmel und Erde mir nichts. Selbst wenn meine Kräfte schwinden und ich umkomme, so bist du, Gott, doch allezeit meine Stärke – ja, du bist alles, was ich brauche!

Tag 87

Ihr wahrer Name

Du wirst einen neuen Namen tragen,
der Herr selbst wird ihn dir geben.
Jesaja 62,2

Als Frauen, die immer mehr zu sich selbst finden, wollen wir mit heiligen Vorsätzen leben. Wir wollen uns des jeweiligen Augenblicks, der Menschen um uns herum, Gottes Geist in uns und unserer eigenen Seele bewusst sein. Wir sind geschaffen, um ein bedeutungsvolles Leben zu führen. Es ist richtig, dass wir ein Leben führen wollen mit einem höheren Ziel, als nur unsere Haut vor UV-Schäden zu schützen und beliebt zu sein. Wir wollen einer ehrenvollen Berufung und einem bedeutenden Ziel folgen und dieses Ziel ergibt sich aus unserer Identität.

Wenn wir wissen, wer wir sind, können wir das Leben führen, für das wir geschaffen sind – das Leben, das die sichtbare und die unsichtbare Welt braucht. Wir müssen wissen, wer wir sind, und uns das zu eigen machen. Wer sind Sie? Was ist Ihre *wahre* Identität?

Sie sind eine neue Schöpfung in Christus. Sie sind mehr als eine Überwinderin; Sie sind siegreich, stark, bevollmächtigt, in Sicherheit, geborgen, versiegelt. Sie sind ein Gefäß für Gottes Leben und seine Liebe. Sie leben in Christus. Sie sind Gottes Liebste. Sie sind sein.

Wer ist Jesus? Er ist die Liebe, nach der Sie schon Ihr ganzes Leben lang suchen, und er hat nie den Blick von Ihnen abgewendet. Er hat einen Namen für Sie und möchte, dass Sie ganz und gar so werden. Er hält Ihre wahre Identität bereit, in die Sie hineinwachsen sollen. Fragen Sie Jesus nach Ihrem wahren Namen (oder Ihren Namen, denn oft hat er mehrere für uns). Wenn er sie Ihnen sagt, dann entscheiden Sie sich, daran zu glauben.

Jesus, ich will glauben, dass ich deine Liebste bin und dass du dich nach mir sehnst. Ich will glauben, dass ich nicht mehr einsam und verlassen bin, sondern dass ich deine Freude bin, dass du mir nachgehst und mich von Herzen liebst. Jesus, ich will zu der Frau werden, die du in mir siehst. Zeig mir, wie sie ist. Zeig mir, wer ich wirklich bin, wer ich schon immer sein sollte. Verrate mir meinen wahren Namen. Zeig mir ein Bild von der Person, die du mich werden siehst. Gib mir Augen, um zu sehen, Ohren, um zu hören, und den Mut, das anzunehmen, was du mir sagst. Sprich zu mir, Jesus.

Tag 88

Was die Welt jetzt braucht

Setzt euch zuerst für Gottes Reich ein und dafür, dass sein Wille geschieht. Dann wird er euch mit allem anderen versorgen.
Matthäus 6,33

Wir werden nie glücklich sein, solange wir versuchen, losgelöst von uns selbst zu leben oder uns selbst, unser Herz, unsere Wünsche, unsere Sehnsüchte zu missachten. Glücklich zu sein ist zwar nie unser oberstes Ziel, aber es kommt von alleine, wenn die anderen Faktoren unseres Lebens stimmen.

Die Liebe ist immer das oberste Ziel. Gott zu lieben, andere Menschen zu lieben und uns selbst zu lieben als die Frau, die Gott erschaffen hat. Wir wollen uns nicht selbst ablehnen, sondern uns annehmen, und uns die facettenreiche Frau, die wir sind, und die einzigartige Art, wie wir Jesus in dieser Welt sichtbar werden lassen, zu eigen machen.

Sie sind die einzige Person, die es je gab und geben wird, die so ist wie Sie.

Gott hat Sie mit Absicht so gemacht. Er hatte einen Grund.

Die Welt braucht nicht noch eine Frau, die das wunderbare Geschöpf verachtet, das sie ist. Gott sehnt sich nicht nach noch einer Frau, die sich selbst ablehnt und damit auch ihn. Die Welt braucht eine Frau, die dankbar dafür ist, wie Gott sie geschaffen hat, die darauf vertraut, dass er sie verändert, und der tatsächlich gefällt, wer sie ist. Es ist gut, sich selbst zu mögen. Gott mag Sie! Und wir können uns selbst auch mögen.

Wenn Sie sich selbst mögen, haben Sie die Freiheit, auch andere zu mögen, und Menschen werden sich in Ihrer Gegenwart eingeladen fühlen, ebenfalls zu der Person zu werden, die sie in Wirklichkeit sind.

Jesus, du verwandelst mich in dein Ebenbild. Welche Rolle soll ich heute bei dieser Veränderung spielen? Zeige mir, wie ich dich sehen soll. Zeige mir, wie ich mich selbst sehen soll. In Jesu Namen. Amen.

Tag 89

Wer, denken Sie, sind Sie?

Ich habe euch schon immer geliebt, darum
bin ich euch stets mit Güte begegnet.

Jeremia 31,3

Vor etwa 20 Jahren befand ich mich an einem Tiefpunkt und suchte Trost in einer Kirche. Ich fühlte mich unsagbar hässlich. Ich sagte mir selbst, ich sehe aus wie Jabba the Hutt aus Star Wars. (Das sind keine besonders freundlichen Worte – bedenken Sie, dass Worte Macht haben.) Ich kniete betend am Altar und fragte Gott: „Wie siehst du mich?"

Weil ich Gott meine ganze Vorstellungskraft anvertraut hatte, sah ich vor meinem inneren Auge eine kniende Frau, die von der Sonne, die durch das Fenster schien, in goldenes Licht gehüllt wurde. Sie trug ein wunderschön geschnittenes weißes Satinkleid. Ihr Haar war in sanften Locken kunstvoll mit Perlen hochgesteckt. Sie war wunderschön, eine Braut vor den Augen ihres Gottes.

Er sah mich damals als wunderschön und er sieht mich heute als wunderschön.

Wenn Gott auf seine Tochter sieht – auf mich, Sie, jede geliebte Tochter – sieht er sie nicht durch den Schleier ihrer Sünde, eingehüllt in ihr Versagen oder bedeckt mit ihrer Vergangenheit. Wenn Gott Sie anschaut, sieht er Sie durch das Blut von Jesus. Wenn Gott Sie anschaut, sieht er ein Kunstwerk. Er sieht seine geliebte Braut. Wir dürfen nicht vergessen, uns so zu sehen, wie er uns sieht! Und zwar sowohl die Frau, die wir jetzt sind, als auch die Frau, die er aus uns machen will.

Wer, denken Sie, sind Sie? Wer sind Sie auf dem Weg zu sich selbst? Haben Sie eine Vorstellung davon, wer Sie werden können? Wie sieht Gott Sie? Wie stellt er sich die Frau vor, die Sie werden können? Es ist wichtig, ihn das zu fragen. Und dann warten Sie auf seine Antwort.

Die Vorstellung, wer Sie im Begriff sind zu werden, beeinflusst Ihre Gegenwart. Wir leben heute in dem Wissen, wer wir morgen sein werden. Der Schlüssel dazu ist, zu glauben, dass wir sind, wer Gott sagt, dass wir sind. Und dann können Sie in dem Wissen ruhen, dass Gott dafür verantwortlich ist, uns zu verändern. Wir verlassen uns auf ihn. Wir werden immer wieder versagen, aber er nicht.

Gott, wie siehst du mich? Bitte zeige mir die Frau,
die ich werden soll.

Schreiben Sie auf, was Sie von Gott hören, oder
einfach, was für Sie wahr werden soll, weil Sie es
wollen und im Glauben annehmen.

Tag 90

Sie sind seine Liebste

Nur mir gehört mein Liebster, und ich gehöre ihm.

Hoheslied 6,3

Wir werden, was wir denken.

Gewöhnen Sie sich an, mitten am Tag – im Chaos, im Alltäglichen, im Herrlichen –, wenn Sie lachen und aus der Fülle leben und wenn Sie es nicht tun, innezuhalten und sich selbst zu fragen: „Was halte ich für wahr über mich selbst?“

Wenn die Antwort nicht mit dem Wort Gottes übereinstimmt, dann weisen Sie sie als Lüge zurück. Ersetzen Sie sie durch die Wahrheit.

Wie wäre es, wenn Sie es jetzt in Ihrem Herzen für möglich halten würden, dass alles, was Gott über Sie sagt, wahr ist?

Sie sind seine Freude.

Sie machen ihn glücklich, wenn Sie einfach nur Sie selbst sind.

Er hält Sie für schön.

Sie sind seine Liebste.

Sie haben sein Herz erobert.

Was wäre anders in Ihrem Leben, wenn diese Dinge wirklich wahr wären? Denken Sie darüber nach. Lassen Sie diese Gedanken in Ihrem Herzen einen Moment zu. Denn das ergibt einen riesigen Unterschied.

Fragen Sie Gott: „Bin ich deine Liebste? Wie siehst du mich? Freust du dich über mich? Liebst du mich, weil du Gott bist und es deine Aufgabe ist, oder liebst du mich um meiner selbst Willen?“

Sie sind seine Liebste.

Jesus, danke für diese Wahrheit über mich. Ich nehme sie an. Ich stimme dir zu und verkünde, dass ich deine Tochter bin. Ich bin auserwählt, heilig und von Herzen geliebt. Ich bin dein Augapfel. Ich bin deine Liebste, und du sehnst dich nach mir. Bitte schreib diese Wahrheit tief in mein Herz. In Jesu Namen. Amen.

Noch ein Wort von Stacy

Sie sind wunderschön und Ihre Schönheit nimmt zu. Sie wächst! Sie werden immer mehr zu der wunderschönen, mutigen Frau Gottes, als die er Sie erschaffen hat.

Je mehr wir Jesus so kennenlernen, wie er wirklich ist, umso mehr lieben wir ihn. Je mehr wir ihn lieben, umso mehr wird unser Leben verändert. Gott gibt uns das Selbstvertrauen, zu uns selbst zu finden. Er gibt uns den Blick dafür, uns so zu sehen, wie er uns sieht. Er gibt uns den Mut und die Weisheit zu glauben, dass das, was er über uns sagt, wahr ist.

Sie werden es nicht perfekt hinbekommen. Aber Jesus hat und wird es hinbekommen. Wegen Jesus können Sie richtig kämpfen, beten, zuhören, leben, dienen, lieben und zu sich selbst finden. Eines Tages wird Jesus Ihnen Ihre Geschichte erzählen, und Sie werden über die Herrlichkeit, die Schönheit, die Erlösung und Jesu Gegenwart in Ihrem Leben so sehr staunen, dass Sie es sich jetzt noch nicht vorstellen können. Denn Sie sind schön. Jetzt.

Der Verlag weist ausdrücklich darauf hin, dass im Text enthaltene Links nur bis zum Zeitpunkt der Buchveröffentlichung eingesehen werden konnten. Auf spätere Veränderungen hat der Verlag keinerlei Einfluss. Eine Haftung des Verlags ist daher ausgeschlossen.

MIX
Papier aus verantwortungsvollen Quellen
FSC® C014496

Die amerikanische Originalausgabe ist im Verlag David C. Cook, Colorado Springs, CO 80918, USA erschienen unter dem Titel „Beautiful Now".

1. Auflage 2019
Bestell-Nr. 817241
ISBN 978-3-95734-241-6

Umschlaggestaltung: Hanni Plato unter Verwendung von Shutterstock
Satzlayout und Herstellung: Immanuel Grapentin
Satz: Vornehm Mediengestaltung, München
Druck und Verarbeitung: GGP Media GmbH, Pößneck
Printed in Germany

www.gerth.de